熊高生に贈った言葉

～初代校長 野田寛先生の教えを伝えて～

宮本 史明

悠光堂

校歌

京都帝國大學講師　池邊義象　作歌
東京音樂學校助敎授　岡野貞一　作曲

一、西《にし》に金《きん》峰《ぽう》　東《ひがし》阿《あ》蘇《そ》
託《たく》摩《ま》の原《はら》の中《なか》しめて
築《きつ》き成《な》したる　我《わ》が校《かう》舍《しや》
集《つど》へる數百《すひやく》の丈夫《じようふ》の友《とも》
朝《あした》に學《まな》びの　わざにつき
夕《ゆふべ》に修《をさ》むるわがこゝろ
清《せい》廉《れん》以《もつ》て　風《ふう》を爲《な》し
剛《がう》毅《き》互《たがひ》に義《ぎ》を結《むす》ぶ

二、見《み》ずや白《しら》川《かは》　底《そこ》すみて
曇《くも》らぬ御代《みよ》の影《かげ》うかぶ
開《き》けや立田《たつだ》の　松《まつ》の風《かぜ》
君《きみ》が八千代《やちよ》ぞ謡《うた》ふなる
雪《ゆき》に螢《ほたる》に　勵《はげ》みあふ
清《きよ》き心《こゝろ》のわが友《とも》ら
今《いま》より後《のち》の　國《こく》光《くわう》は
我等《われら》を待《ま》ちて輝《かゞや》かむ

三、雲《うん》山《ざん》萬《ばん》里《り》　見《み》さくれば
世《せ》界《かい》は廣《ひろ》し事《こと》しげし
靜《しづか》に思《おも》ひを　ひそむれば
學《まな》びの海《うみ》は底《そこ》ふかし
繁《しげ》き世《せ》界《かい》の　事《こと》わけて
深《ふか》き學《まな》びの海《うみ》わたり
赤《あか》き心《こゝろ》の　まこともて
たゞ一筋《すじ》に盡《つく》してむ

四、來《きた》れわが友《とも》　國《くに》はしも
多《おほ》かる中《なか》の我《わ》が校舍《かうしや》
來《きた》れますらを　人《ひと》はしも
多《おほ》かる中《なか》の同志《どうし》の徒《と》
金《きん》峰《ぽう》山《ざん》の　とことはに
阿《あ》蘇《そ》のみたけの永久《とこしへ》に
結《むす》ぶちぎりは　託《たく》摩《ま》野《の》の
出水《いづみ》の水の盡《つ》きめやは

はじめに

表題にある「熊高生」は、熊本県立熊本高等学校（以下熊本高校）の生徒を指す言葉で、読み方は「くまこうせい」です。熊本高校の略称「熊高」は、同じ熊本市内にある県立熊本工業高等学校の略称「熊工《くまこう》」と区別するため、県内では「くまたか」と呼ばれますが、校内では応援団のエールをはじめ「くまこう」と呼ぶことが多いのです。それは、自分たちこそが「くまこう」だという自負心の表れだと思っています。

本書は、私が平成23（２０１１）年度から4年間、熊本高校の校長として述べた校内での式辞等や各方面で書いた原稿をまとめたものです。その中には、熊高生であった同窓会（江原会《こうげんかい》）の皆様、そして生徒の保護者の皆様に向けた文章も含まれていますが、内容が重複しているものは一部割愛して掲載しております。

私は、入学式・卒業式の式辞や寄稿文を書く際に、歴史上の偉人の名言・箴言の引用を避け、熊本高校の歴史、校訓、初代校長野田寛先生の教え、そして校歌の言葉からその精神や意味を伝えるようにしました。それは、将来世界の多方面で活躍する生徒たちが、母校の歴史と伝統から基本的な人間のあるべき姿を体得して卒業してほしいという願いからです。

特に、校長就任2年目から「校歌ルネッサンス」を提唱し、第二次世界大戦後あまり歌われなくなっていた校歌の３番、４番まですべて歌うように全校挙げて取り組みました。そのきっかけは、校長1年目に兄弟校の済々黌《せいせいこう》高等学校創立１３０周年記念式典に出席したことです。それは、式典の中で済々黌の生徒諸君が元気に4番まで斉唱している様子に感心したこともありますが、式典でいただいた『黌歌百年』という冊子を読んだところ、熊本高校の校歌の方が2年古いことに驚き、強く興味を持ったからです（熊本中学校は明治43（１９１０）年制定、済々黌は明治45（１９１２）年制定）。

そして、改めて校歌を深く読み込んでみると、歌われてこなかった3番、4番に創立以来の精神がしっかりと示されており、これこそが熊高生の大切にするべき精神＝

魂の根幹だと確信しましたので、平成24（2012）年度からあらゆる行事で4番まで生徒に歌うよう指導する決断をしました。

また、各地の同窓会や寄稿文で校歌を4番まで歌っていただけるようお願いしましたので、本書の後半は生徒・保護者向けも含めて校歌の精神を解説した文章が多くなっています。

蛇足ですが、年6回の始業式・終業式や、各種学校行事で生徒向けに話したことは掲載しておりません。これは単純に原稿がないからですが、私は、教訓めいた長い話は生徒の心に響かないと思っていましたので、1つか2つのタイムリーな話題に絞り、原稿なしで生徒に語りかけるようにしました。大体5分前後で終わっていましたので、生徒・職員は喜んだのではないかと思っています。

私は、生徒として、教師として、熊高生だった娘の保護者として、合計16年間熊本高校にお世話になりましたので、誰よりも熊本高校を愛しているつもりです。そこで、初代野田寛校長先生が築かれ、多くの恩師の先生方と先輩方が継承発展されてこられた熊本高校の校風と伝統を、微力ながら将来にわたって伝えたいと思い、『熊高生に贈った言葉』としてまとめました。

本書の内容の多くは、熊本高校創立100周年記念で編纂された『熊中・熊高百年史』からの引用と解説です。しかし、同窓生も含めて県内外の人があまり熊本高校の歴史や伝統を知らないことを憂える気持ちから、多くの方々に読んでいただこうと考えた次第です。4年間ともに過ごした生徒諸君、私の教育方針の具現化に尽力された教職員の皆様、そして多くのご支援とご助言をいただいた保護者・同窓生の皆様に深く感謝しつつ、熊本県の伝統校を貫く歴史と伝統と魂（スピリッツ）を少しでもお伝えできれば幸いです。

※　本文で使用されているフォントは、熊本中学校（熊本高校の前身）昭和22（1947）年卒業の小塚昌彦氏がデザインされた「小塚明朝」です。詳しくは85～86ページをご覧ください。

目次

第1章　助走期（平成23年度）

1　自分の頭で考え抜く

温かな春の雨に誘われるかのように木々の新芽が萌えだし、大いなる生命の息吹が感じられる今日の佳《よ》き日に、多数のご来賓並びに保護者の皆様のご臨席のもと、平成23年度熊本県立熊本高等学校入学式を盛大に挙行できますことは、この上ない喜びであります。

先ほど本校への入学を許可いたしました407名の新入生の皆さん、ようこそこの熊本高校へ。これまでの皆さんの努力に対して深く敬意を表しますとともに、在校生並びに全職員を代表して歓迎いたします。また、これまで皆さんのことを一番気にかけ、すこやかな成長を楽しみにしてこられた保護者の皆様のお喜びも、ひとしおかと存じます。心からお祝い申し上げます。

本校は、明治33（1900）年の創立以来111年目を迎える伝統校であり、諸先輩方のご努力によって、熊本県内はもとより全国でも有数の公立の進学校としてその名を馳せております。一方で、体育系や文化系の部活動が大変盛んで、自由の中にも礼節を保ち、自主自立の精神にあふれた人間づくりを教育活動の中心にしています。皆さんは、もう本校の一員としてこれからの伝統をつないでいく立場になりました。ぜひ、自分の頭でものを考え、自己の言動に責任を持ちながら、新しい高校生活を謳歌してください。

これから皆さんは、授業を通して多くのことを学んだり、クラスのともだちと心の交流を深めたり、部活動などで心身を鍛えたりすることと思います。楽しいこともありますが、つらく苦しいこともあるでしょう。失敗したり、自己嫌悪に陥ったり、孤独を感じたりすることがあるかもしれません。そんな時は一生懸命考えてください。自分はなぜこのような状態にあるのか、今何をするべきか、どのような道を進めばいいのか、考えて考えて、考え抜いてください。その時間が、寒い冬に耐えたつぼみのように、皆さんの可能性を大きくふくらませて、大輪の花を咲かせるでしょう。

私たち教職員は、そんな皆さんを十分理解し、共感し、確実に成長することができるよう、できるだけのことをしようと張り切っています。ただ、自由とわがままの区別がつかなかったり、他の人の人権を侵害したり、悪いことと知りながら嘘をついたりした時には厳しくしかります。それは皆さんを大切に思い、社会人として当たり前のことができる品性を本校でしっかり身につけてほしいと真剣に願っているからです。

最後になりましたが、ご来賓、保護者の皆様には、大変ご多用の中に新入生のためにご臨席を賜り、厚く御礼申し上げます。今後とも、本校の教育活動につきまして、ご支援とご協力を賜りますようよろしくお願いいたします。

夢と希望にあふれた新入生の皆さんの顔が、熊本高校の生徒として磨かれ、ますます輝いていくことを期待して、式辞といたします。

平成23年度入学式校長式辞（4月8日）

2　志を立てる

私の「合格体験」は、今から38年前の春でした。担任の先生からは「無理だ」と言われていましたが、比較的弱かった英数で実施される一次試験を突破したので、記述・論述がほとんどの二次試験（5教科6科目）では気合いを入れて臨みました。罫線やマス目だらけの答案用紙に一心不乱に書き、断片的な知識ではなく全体的な理解や表現力を問う問題が自分に合っていた（多少のごまかしが効いた）せいか、何とか合格できました。

大学に合格するためにはどうしたらいいか。この「合格体験記」に寄稿していただいた卒業生の皆さんは、苦労して自分で考えて、それぞれの答えを出していますが、在校生の皆さんがこの体験記と同じことをしてもたぶん効果は出ません。ただ、自分と同じ悩みを持っていた卒業生の皆さんが、どうやって志を明確にして自分の道を切り開いたかを知ることによって、勉強したくない自分の心に火をつけるきっかけとなるかもしれません。大切なことは、自分で考えて志望校を決め、そこを徹底的に研究してひたすら学習する、すなわち校訓に示された「立志篤行」を実践することです。在校生の皆さんの健闘を祈ります。

平成22年度合格体験記「巻頭言」（6月）

3　理想とする教育

向暑のみぎり、江原会会員の皆様におかれましては、ますますご健勝のことと存じます。また、平素から本校の教育活動に深いご理解と物心両面にわたるご支援・ご協力をいただいておりますことに対しまして、心から御礼申し上げます。

さて、今春の人事異動により、第23代中原校長の後任として4月1日に着任いたしました。新聞発表のあと、多くの先輩方や同級生から祝福と激励の言葉を受け、大変ありがたく、また責任の重さを改めて実感した次第です。創立111年目を迎える伝統校としての存在感をより一層高めたいと思いますので、今後ともご指導とご助言をいただきますようお願いいたします。

私の理想とする教育は、「生徒の自主性と成長の可能性を信頼し、学問（教科）の魅力を熱く語り、人生を豊かにする教養、生きていく勇気、美しいものを求める感性を生徒に育むこと」です。この理念を年度当初に全職員に示し、教育活動全体にわたって目標とすることを求めました。現実的には進学実績の向上という県民の皆様の大きな期待がありますが、クマコウセイ諸君は魂を磨き美しい生き方をすることと両立させることができると信じていますので、全職員一丸となって取り組む所存です。

最後になりましたが、江原会のますますのご発展と、会員の皆様のご健康とご多幸を祈念しまして、就任のご挨拶といたします。

江原會會報（6月1日）

※　傍線部「江原会」の名前の由来は初代野田校長先生が命名された学校誌『江原《こうげん》』に由来します。熊本高校の前身である旧制熊本中学校の歴史は本文中に譲りますが、創立されてから4年後の明治37（1904）年に、野田先生のご尽力で現在地（旧熊本市大江村）に新築移転します。そこは、畑や原野が広がり、阿蘇山が見渡せる辺境でした。

野田先生は、新天地において、校訓や校歌をはじめとして熊本中学校の礎を築かれましたが、そのフロンティア開拓精神を込め、「大江原頭《おおえげんとう》（大江の野原のほとり）」

から取った『江原』を学校誌の名前にされたのです。そして、大正6（1917）年に、熊本中学校1期生の方々を中心に誕生した同窓会の名称も、野田先生が「江原会」と命名され現在に至っています。

ちなみに、第二次世界大戦後、日本を占領した連合国軍総司令部（GHQ）が一斉に学校の同窓会組織の解散を命じましたが、当時は会長もなく幹事の話し合いで運営されていた江原会だけは、自由な組織だったためか唯一解散を免れています。

4　助け合い、励まし合う

伝統ある熊高音楽会も今年で55回目を迎えることができました。保護者の皆様、卒業生の皆様をはじめ、物心両面にわたって本校にご支援とご協力をいただいた皆様方に、心から感謝申し上げます。また、このように盛大に開催できますことの喜びを、会場の皆様と分かち合いたいと思います。

この音楽会は、グリークラブの発表を中心に開催されて以来発展を続け、現在では女声コーラス部、吹奏楽部、K．S．O．（弦楽オーケストラ）部、江原太鼓部、ジャズ研究同好会と合同で行う総合的な音楽の祭典となりました。

私が熊高生だった頃は、12月24日のクリスマスイブに開かれていましたので、演奏会後は何か大人の世界に足を踏み入れたような気分になったことを昨日のことのように覚えています。また、1学年先輩の福田隆さんのパーカッションが素晴らしかったことも強く印象に残っています。

今日の音楽会に向けて、各部の生徒たちは一生懸命練習を重ねてまいりました。仲間で助け合い、励まし合い、演奏技術の停滞と向上を繰り返す中で精神的に成長してきた姿をぜひご覧ください。そして、皆様の心の中に感動と思い出が静かに残されることを願いつつ、私も15年ぶりの熊高音楽会を楽しみたいと思います。

第55回熊高音楽会パンフレット（8月12日）

5 「簡素」を楽しむ感性

昨年の本校創立１１０周年記念公演で狂言を演じていただいた人間国宝・野村万作氏は、育友会会報第63号のインタビュー記事の中で、狂言の魅力を「簡素」という言葉で表現されています。簡素ということは、観客の想像力に委ねられる面が大きいため、想像力豊かにイメージすれば簡素なものが豪華になる、そこが狂言の本質だと述べておられます。

これは、徹底的に言葉をそぎ落として無限の詩情を表現する俳句に通じるところがありますが、多かれ少なかれ「文化」とは、見えないものや説明されていないことを豊かな想像力で受け止めるところに成立しており、動物には感じることのできない極めて人間的な快楽なのです。この快楽をできるだけ大きくするためには、生活の役には立たないが幅広い教養と、快楽の受容体である感性を身につける必要があります。

そして、その精神的な快楽が大きければ大きいほど、人間はどんな困難な状況でも生きていく勇気を出せるのです。

3月の東日本大震災のあと、音楽をはじめとする芸術が多くの被災者の人たちを勇気づけることができました。「文化」には目に見えない偉大な力があります。この第64回熊高文化祭が、熊高生の教養と感性の蓄積をさらに深めることを期待しています。

本日ご来場の皆様も、本校の「文化」の一端を楽しんでいただければ幸いです。

第64回熊高文化祭パンフレット（9月16日）

6　自由と自主自立

朝晩に初秋の香りが漂うようになった本日、多くのご来賓と保護者の皆様のご臨席のもと、このように盛大に第64回熊本高校体育祭を開催できますことは、この上ない喜びであります。また、日頃から本校の教育活動に深いご理解とご協力を賜っております地域の方々や卒業生、保護者の皆様に心から感謝申し上げます。

さて、本日の体育祭のテーマは「百花繚乱」であります。個性豊かな生徒諸君がそれぞれの花を自分らしく咲かせ、共に協力し合う姿を期待しています。本校は、自由の中にも自己の責任の重さを感じて行動する自立した人間の育成をめざしております。この体育祭も、体育祭実行委員会の生徒諸君が毎日夜遅くまでかかって準備し、今日1日の運営も生徒の手によって行われます。

すべての熊高生のこれまでの努力が本日花開き、創立111周年を迎えた熊本高校のグラウンドを色鮮やかに飾るとともに、ご観覧いただいている皆様に大きな感動を与えるものとなることを祈念いたします。

第64回熊高体育祭パンフレット（9月18日）

7　フロンティア精神

本日は、熊本江原会総会・懇親会がこのように盛大に開催されますことに、心からお祝いを申し上げます。また、日頃から本校教育発展のため、物心両面にわたってご支援とご協力をいただいておりますことに、深く感謝申し上げます。

私もこれまで、担当学年の時を含めて何度かこの総会に出席いたしましたが、今年度は母校の校長として出席することができ、自分でも信じられないくらいの大きな喜びを感じております。今夜は諸先輩方、高25回（四八会《よんぱち》）の同級生、後輩の皆さん、そして平成2（1990）年度から6年間教諭として勤務した時の教え子の諸君と大いに飲んで語り合いたいと思います。

ところで、明日10月30日は本校の創立記念日です。この日は、創立4年目の明治37（1904）年に現在の大江の地に学校が移転した日であり、畑と原野の「大江原頭」に立つ校舎の中で、当時の先輩方が熱く持っておられたフロンティア精神を、在校生が肝に銘ずる日でもあります。
「小成に安んずることなく」（校訓より）常に挑戦する気概を持ち、生徒・職員一丸となって本校の伝統を受け継いでいきたいと思いますので、今後ともご指導ご鞭撻いただきますようよろしくお願い申し上げます。

熊本江原会総会パンフレット（10月29日）

8　めざす学校像

新年度が始まって半年余り、桜の春が過ぎ太陽の夏も過ぎ、実りの秋が深まってまいりましたが、保護者の皆様のご協力とご支援をいただいて、これまで大きな事件や事故もなく順調に熊本高校の教育活動が行われてきたことに、改めてそのありがたさを感じています。

この時期に初心を振り返って自己点検をするために、5月の育友会総会でお話しいたしました「理想とする教育理念」と、その先にあるべき「めざす学校像」について、この場をお借りして再確認したいと思います。

4月1日の最初の職員会議で、「理想とする教育理念」は「生徒の自主性と成長の可能性を信頼し、学問（教科）の魅力を熱く語り、人生を豊かにする教養、生きていく勇気、美しいものを求める感性を生徒に育むこと」であると職員全員に示しました。

また、具体的な教育の重点事項として、「生徒自ら考えて活動するような魅力ある授業の推進」、「自由と責任の重さを考えて行動する人間の育成」、「いじめを絶対許さないという姿勢の徹底と人権感覚の高揚」の3つに取り組むようにし、そのために職員が自ら学び続け、人間的魅力や人権感覚を磨き品格のある言語活動をするよう求めました。

そのような生徒と職員の相互作用によって作り上げられる「めざす学校像」は、

（1）教師は生徒を信頼し、生徒が自立して考え行動する学校

（2）生徒同士で良い点を学び、悪い点は指摘できる学校

（3）生徒も職員も、挨拶と掃除をきちんとする学校

（4）部活動や学校行事が盛んで、感動と笑顔のあふれる学校

です。以上のことを職員に周知し、その実現に向けて努力しておりますので、保護者の皆様のご理解とご家庭でのご指導をよろしくお願いいたします。

育友会会報第64号（10月30日）

※　傍線部「育友会」は熊本高校の保護者会（ＰＴＡ）です。

9　文武両道

あけましておめでとうございます。旧年中は大変お世話になり、ありがとうございました。特に、昨年6月の総会・懇親会では、諸先輩はじめ多くの方々と親しくお話をさせていただき、東海江原会の皆様の温かいおもてなしに感激した次第です。車座になっての懇親会の雰囲気から、東海江原会の皆様の団結心と友情の強さを感じました。今後ともどうぞよろしくお願いいたします。

さて、昨年の熊本高校の主な行事をご紹介します。まず、7月12日（火）に水泳大会がありました。以前の50メートルプールと同じように現在の新しいプールにも立派な観客席があり、ウォーターボーイズばりの水球部のシンクロが名物です。8月12日（金）には、第55回熊高音楽会が県立劇場で開催されました。グリークラブの第二応援歌で始まり、女声コーラス部、吹奏楽部、K．S．O．（弦楽オーケストラ）部、江原太鼓部、ジャズ研究同好会が発表する音楽の祭典です。生徒の演奏はそれぞれが素晴らしく、レベルの高いものでした。９月16日（金）から２日間の文化祭に続いて、18日（日）には体育祭が行われました。朝方までの雨も開会式のころには上がり、競技は少し短縮されましたが、３年生の仮装と応援団競演を十分満喫しました。

今、校長室には３本の優勝旗（水球、登山、女子テニス）があります。１１２年目を迎える今年も、文武両道で江原会の皆様のご期待に沿えるよう頑張りますので、どうぞよろしくお願いいたします。

東海江原会会報（１月１日）

10　夢と力の育成

季節は巡り、今年度も締めくくりの時期を迎えておりますが、育友会役員の皆様をはじめすべての保護者の皆様のこれまでのご支援とご協力に対しまして、職員を代表して深く感謝申し上げます。また、昨年4月に着任以来、保護者の皆様とともに生徒の成長に少しでも関わることができたことを大変嬉しく思います。そして「熊高生はいいなあ」と思い、「保護者の方々も素晴らしいなあ」と感じる毎日を幸せな思いで過ごしています。

さて、4月は卒業と別れの季節でもあります。3年生の保護者の皆様には、お子さまのご卒業を心よりお祝い申し上げます。嬉しさの一方で、寂しさや不安が湧いては消えるお気持ちではないでしょうか。私も2人の娘の卒業式を経験していますが、不安を振り払うように一心にこれからの子どもの幸せを願った記憶があります。3年生の諸君は、保護者の皆様の愛情をしっかり受け止め、感謝の心を堅持して未来に向かって力強く踏み出してくれることを期待しています。

さらに、1、2年生も含めた熊高生諸君全員に望むことは、昨年3月の東日本大震災の甚大な被害から考えさせられた「当たり前の日常のありがたさ」を忘れず、生かされている命を大切にしながら、今できることを着実に実行してほしいということです。

今回の大震災では、千年に一度といわれる大地震と大津波で多くの人命が失われ、地域の生活を一瞬にして奪い去っていきました。それに続く最悪の原発事故は、科学技術の信頼性と私たちの生活の在り方に大きな課題を与えました。こうした状況に立ち向かって行けるのは、日本国民の智慧と勇気であり、若者の夢と力だと思います。

熊本高校は、その若者の夢と力を育て、社会のリーダーとなって活躍したり校門の橋脚のように人を支えたりする人材の育成を使命としています。そのために私たち教職員は、一丸となってさらなる教育の充実に努めてまいりますので、今後とも保護者の皆様のご理解とご協力をよろしくお願いいたします。

育友会会報第65号（2月22日）

※　傍線部「校門の橋脚」は、江戸時代から熊本城前の坪井川にかかる橋が架け替えられた際に、不要になった橋脚の一部を、初代野田校長先生が生徒とともに持ち帰って新校舎の校門とされたことを意味しています。学校名を記した表札がないただの石柱ですが、世に知られずとも人を支えることが大切だという野田先生の教えの象徴となっています。詳しくは、１１９~１２１ページをご覧ください。

11　教え子の成長

　厳しい冬の寒さの中にも咲く花は梅から桃へと変わりつつありますが、青年江原会会員の皆様におかれましては、ますますご清栄のこととお慶び申し上げます。

　また、日頃から本校の教育活動に多大なるご支援とご協力をいただいておりますことに、心から感謝申し上げます。

　昨年4月に母校に赴任いたしましたが、改めて青年江原会の皆様のパワーと情熱を実感しています。私自身も祭りの担当学年前後から青年江原会の活動をしたことがあり、OBとしても校長としても大変頼もしく思っています。そして、4月の祭り準備会から多くの会合に出席した際には、大変お世話になりありがとうございました。諸先輩はじめ多くの方々と親しくお話をさせていただき、青年江原会の皆様の温かいおもてなしに感激いたしました。

　特に、平成2（1990）年4月から平成8（1996）年3月まで教諭として母校に勤務し、クラス担任や生徒会担当、ソフトテニス部・野球部・空手部・応援団の顧問などをしていましたので、そのころ生徒だった皆さんが青年江原会の中心となって活躍し始めているのを見て、感慨深いものがあります。また、今年の祭りの幹事学年である平伍會（平成5年卒業生）の皆さんは、1年と2年の時に担任を務めた学年なので、たくさん集まって楽しんで頑張ってくれることを期待しています。

さる1月23日（月）に予餞会を崇城大学市民ホールで行い、多くが国公立大学の二次試験や私立大学の試験に向かう3年生諸君を激励したところです。その3年生も3月1日に卒業し、青年江原会の皆様のご指導を受ける立場となりましたので、どうぞよろしくお願いいたします。

現在校長室には、水球と登山と女子テニスの県大会優勝旗が飾ってあります。文化系・体育系の他の部活動や進学実績も好調を維持しています。112年目を迎える来年度は、さらに江原会の皆様のご期待に沿えるよう取り組んでいく所存です。

最後になりましたが、青年江原会の皆様のますますのご発展とご健勝を祈念いたしまして、ご挨拶といたします。

青年江原會會報（3月1日）

※　傍線部「祭り」とは、熊本市の伝統ある藤崎八旛宮秋季例大祭のことで、主に41歳以下の卒業生で組織される青年江原会が、昭和50（1975）年から40年以上連続して飾馬を奉納しています。青年江原会では38歳になる担当学年が、1年ごとに実行委員長をはじめ飾り馬奉納の中心的な役割を果たし、同級生及び同窓会の団結と交友に貢献しています。以下、本書でいう「祭り」は、すべて藤崎八旛宮秋季例大祭を指します。

12　誠実であること

早春の柔らかな雨に包まれて、校門前の桜のつぼみも少しふくらみ始めた今日の佳き日に、熊本県議会議員西聖一様をはじめ、多数のご来賓並びに保護者の皆様のご臨席のもと、熊本高等学校第64回卒業証書授与式を挙行できますことは、この上ない喜びであり、生徒・職員を代表して厚く御礼申し上げます。

先ほど卒業証書を授与いたしました３９９名の卒業生の皆さん、本当におめでとうございます。また、これまで皆さんのことを一番大切に思い、今日の日を心待ちにしてこられた保護者の皆様にも心からお祝い申し上げます。卒業生の皆さんは、保護者の皆様のこれまでの愛情を心に刻み込み、感謝の気持ちを忘れず、未来に向かって力強く歩み続けてほしいと思います。その未来には、何が待ち受けているでしょうか。成功と幸せばかりの人生ではなく、失敗や不運な出来事に遭遇するかもしれません。思い通りにいかないこと、努力が結果に結びつかないこともあるはずです。

そんな時こそ本校の校訓の中にある行動指針に照らして自らを省みてください。それは、「常に誠実で礼儀正しく、善いことを進んで行い、過ちはすぐ改め、わがままな欲望を抑え、身体を鍛え、艱難辛苦に負けず、勉学に努め、小さな成功に満足することなく向上をめざせ」という教えです。

その中で最も大切なものは、最初に掲げられている「誠実であること」だと思います。自己中心的でずるいことをしていないか、自分に都合の悪いことを周囲のせいにして恨んだり他人《ひと》の不幸を願ったりしていないか、不完全な自分を自覚して謙虚に学び続ける姿勢があるか、壁にぶつかって悩んでいる時に振り返ってみてください。そして、自己の誠実さに確信を持つことができた時、笑顔で前に進んで行けば必ず道は開けてきます。

ところで、本校の校訓は176文字からなる文章で示されています。その精神は「士君子《しくんし》」という言葉に象徴されていますが、実は「士君子」となるだけでなく、国家社会のために貢献できる人間になることを目標とすべきだと述べています。

この目標は、昨年3月11日の東日本大震災という未曽有の災害からの復興という大きな課題に日本が直面している今こそ、本校の卒業生である皆さんが、一人ひとりの心の中に永く灯し続ける必要があります。これまでも国民の智慧と勇気、若者の夢と力で、多くの困難から立ち上がってきました。これからの日本の復興のために、皆さんが「士君子」として活躍してくれることを強く願います。

そろそろ別れのときです。今までの熊高生としての日々を誇りに思い、前に向かって生きる原動力にしてください。ともにこの校舎で学んだ同級生、同窓生は皆さんの貴重な財産であり、心の故郷になっていくことでしょう。

名残はつきませんが、卒業生の皆さんの未来が幸多きものとなることを心からお祈りし、式辞といたします。

平成23年度卒業式校長式辞（3月1日）

※　傍線部「士君子」とは、校訓の一節「日夜淬礪《さいれい》シテ士君子タルノ修養ヲ完ウシ國家ノ忠良タルコトヲ期スベシ」に出てくる言葉で、知徳体に優れた人物像を示された初代校長野田寛先生の造語です。

第2章　改革期（平成24年度）

1　校風と伝統を受け継ぐ

温かな春風の中に大自然の息吹が感じられる今日の佳き日に、多数のご来賓並びに保護者の皆様のご臨席のもと、平成24年度熊本県立熊本高等学校入学式を盛大に挙行できますことは、この上ない喜びであり、深く感謝申し上げます。

先ほど入学を許可いたしました404名の新入生の皆さん、本当におめでとうございます。本校の一員となられたことを祝福いたしますとともに、在校生並びに全職員を代表して心から歓迎いたします。また、保護者の皆様のお喜びもいかばかりかと存じます。衷心よりお祝い申し上げます。

さて、本校の歴史は、今から112年前の明治33（1900）年に遡ります。当時約1400名の生徒を有していた私立中学済々黌が文部省令の改正に伴って分割されることになり、4月に約800名が黒髪の新校舎に移転して第一済々黌、約600名が今の熊本ホテルキャッスル付近にあった旧校舎に残って第二済々黌として発足いたしました。その年の12月に県立に移管されるとともに名称が熊本中学校に変更され、現在の熊本高等学校へと伝統が引き継がれてきました。

熊本中学校への名称変更には、本校初代校長野田寛先生の強いご意志が働いています。それは、ご自身が済々黌出身であり、東京帝国大学哲学科ご卒業後母校で教鞭をとられたご経験から、バンカラで豪放な当時の済々黌の校風とは異なる新しい学校の創造をめざされたからです。そのことは、創立11年目に野田先生が示された本校の校訓に反映されており、176文字からなる校訓の冒頭で「常に誠実で礼儀正しく、勇気をもって善いことを行い、過ちはすぐに改めること」を挙げておられます。

また、本校の校風は創立記念日にも象徴されます。それは、前身である第二済々黌発足時の4月1日ではなく、熊本中学校に校名が変更された12月1日でもなく、創立4年目の明治37（1904）年に現在の大江の地に移転した10月30日を野田先生が創立記念日とされているからです。移転当時の大江村は一面の畑であり、荒野にそびえ立つ学び舎はまさに辺境（フロンティア）でした。そこから自主性を重んじ、自由でおおらかな精神が現在に至るまで本校の校風として培われてきたのです。

本校は、諸先輩方のご努力によって、熊本県内はもとより全国でも有数の公立の進学校としてその名を馳せております。一方で、体育系や文化系の部活動が大変盛んで、自由の中にも礼節を保ち、自主自立の精神にあふれた人間づくりを教育活動の中心にしています。皆さんは、本校の伝統を受け継ぎながら、受け身ではなく常に自分の頭でものを考え、自己の言動に責任を持ちながら、新しい高校生活を謳歌してください。

そして何よりも貴重なことは、才能あふれる同級生や先輩から多くのことを学べるということです。これからの高校生活では、勉強だけではなく、趣味やスポーツに励み、人格的に優れた友人を多く持って成長してくれることを期待しています。

最後になりましたが、ご来賓、保護者の皆様には、大変ご多用の中に新入生のためにご臨席を賜り、厚く御礼申し上げます。今後とも、本校の教育活動につきまして、ご支援とご協力を賜りますようよろしくお願いいたします。

夢と希望にあふれた新入生の皆さんの高校生活が充実し、その顔が今以上に輝いていくことを祈念して、式辞といたします。

平成24年度入学式校長式辞（4月9日）

2　熊本高等学校の校歌

1　本校の校歌は、創立10周年を記念して明治43（1910）年10月に作られ、百年以上にわたって歌われてきた伝統ある校歌です。ちなみに、一幹両枝の関係にある済々黌高校の黌歌は、創立30周年を記念して明治45（1912）年に作られています。

2　作詞は、京都帝国大学講師でのちに皇室の御歌所寄人を務めた国文学者池邊義象《よしかた》氏、作曲は、東京音楽学校助教授（声楽、のち教授）で「春の小川」「朧《おぼろ》月夜」「紅葉」などの文部省唱歌を手がけたとされる作曲家岡野貞一《ていいち》氏です。岡野氏は、長野県立松本深志高校や大阪府立北野高校など多くの高校の校歌を作曲しています。

3　歌は歌詞がいのちです。表現するものがあるから言葉になり、その意味を感じながら歌ったり聞いたりするから心に響くのです。校歌は校訓と同じく、生徒のあるべき姿や心構え、目標や真理などを表現しています。４番まで歌ってはじめて１つの意味をなすのであり、途中で省略するのは校訓を省略するようなものです。他校で校歌を省略して歌う例はありません。歌詞の一部には現在の考え方と異なると思われる部分もありますが、創立当時の時代を歴史として受け止め、校歌の中に３回も使われている「友」と「学び」をキーワードとして、不易の部分を受け継いでいくのが伝統を守ることだと思います。

4　本校生は、「士君子」に象徴される校訓と同様に校歌をきちんと理解し、その実現に向けて努力することが求められます。そして校歌は、校章と同じく熊高生のまとまりの象徴であり、卒業後も熊高生としての自覚を維持し生きる活力となるものです。済々黌の『黌歌百年』という冊子に、「百年の黌歌は力強く生命の脈動を伝えてくれる。黌歌は一つの生命体に違いない。このように考えると黌歌はそれを歌う人の心と同化し、その人格を『正善』の高みに導く師であり、苦楽を共有する友である」（竹原崇雄氏）とあり、校歌の意義が的確に表現されています。

5　校歌の1番は、西に金峰山《きんぼうざん》、東に阿蘇山がよく見えるここ大江原頭（江原）の校舎に集まった友と、よく学び道徳心を高め、「清廉」すなわち「心が清らかで私欲がないこと」を校風とし、強い信頼関係を結ぶと謳っています。以下4番まで、畑の真ん中にできた新校舎で学ぶ、フロンティア精神にあふれた先輩たち（創立当時約600名）の姿を想像しながら歌ってください。

6　校歌の2番は、白川や立田といった熊本の地から日本に思いを馳せ、一生懸命努力し合う清き心を持った友と、「士君子タルノ修養ヲ全ウシ国家ノ忠良タルコトヲ期スベシ」という校訓の実現をめざし、日本の発展に寄与することを謳っています。

7　校歌の3番は、日本からこの広い世界に目を向けると多くの事象にあふれているけれども、よく見ると学びの海が深く広がっているので、よく学び、誠実な偽りのない心でただ一筋に努力していこうという強い意志を謳っています。

8　最後の4番は、全国の数ある学校の中からこの熊本中学（熊本高校）を選び、多くの学生の中から運命的ともいえる出会いで同級生となった友との友情は、永遠にそびえる金峰山や阿蘇山のように、また阿蘇の伏流水がこんこんと湧いてくる出水の水のように、どこまでも尽きることはないと謳っています。これが本校の校歌の1番大切な部分であり、在学中はもちろん、卒業後も友情を深め合う同窓会において4番まで高らかに歌っていただきたいと思います。

始業式で全生徒に配付した校長の説明資料（4月9日）

3　コンサートを楽しむ

伝統ある熊高音楽会も今年で56回目を迎えることができました。保護者の皆様、卒業生の皆様をはじめ、物心両面にわたって本校にご支援とご協力をいただいた皆様方に、心から感謝申し上げます。

この音楽会は、グリークラブの発表を中心に開催されて以来発展を続け、現在では女声コーラス部、吹奏楽部、K．S．O．（弦楽オーケストラ）部、江原太鼓部、ジャズ研究同好会と合同で行う総合的な音楽の祭典となりました。

私は、高校まではフォークギターを我流で弾くくらいでしたが、一橋大学男声合唱団コール・メルクールに所属していた4年間に、毎年開催される11月の定期演奏会や、神戸大学とのジョイントコンサートを経験しました。プログラムやチケットの準備をしながら夜遅くまで練習をした帰りの月の明るさ、幕が上がる直前の観客のざわめき、演奏中の団員の息継ぎ、そして演奏会後の花束の香りなどが懐かしく思い出されます。

今日の音楽会に向けて、各部の生徒たちは一生懸命練習を重ねてまいりました。時には勉学との両立に悩んだこともあったでしょう。また、なかなか思った音が出せない自分と闘ってきたかもしれません。しかし、いつも音楽でつながることのできるともだちがいました。

そして本日、いよいよ生徒たちがステージに立ちます。努力してきた晴れやかな顔と、素晴らしい演奏をじっくりお楽しみください。

第56回熊高音楽会パンフレット（8月13日）

4　今こそ青春だ

暑い夏が過ぎて校庭の空気に秋色が感じられるようになってきた本日、多くのご来賓と保護者の皆様のご臨席を賜り、第65回熊本高校体育祭を開催できますことに、生徒・職員を代表して心から感謝申し上げます。

さて、本日の体育祭のテーマは「NOW or never　～士君子よ、今こそ青春だ～」です。「青春」を特徴づけるものは年齢ではなく、新しいことにチャレンジする心と行動する気力だと思います。今日の日をめざして準備してきた体育祭実行委員、各団の応援団、生徒会総務、そして熊高生諸君全員がこの「青春」の心を十二分に発揮してくれることを期待しています。

創立112周年を迎えた熊本高校のグラウンドに士君子の「青春」が満ちあふれ、ご観覧いただいている皆様に大きな感動とともに持ち帰っていただければ幸いです。

第65回熊高体育祭パンフレット（9月29日）

5　心を豊かにする

先日、本校の図書館から『免疫の反逆—自己免疫疾患はなぜ急増しているか—』という本を借りて読みました。その著者は、殺虫剤や食品添加物など人間の生活を快適にするために作られた物質が人間の体内に取り込まれると、免疫システムが混乱して自己の細胞を攻撃し、米国だけで数百万人が免疫性疾患で苦しんでいるという実態を、自分の体験から告発しています。生命科学や原子力、インターネットなども同様ですが、科学技術の進歩が私たちの生活を快適にする一方で、新たな課題や悩みを生じさせています。

さて、「文化」は人間に何をもたらしているでしょう。「文化」の定義はさまざまですが、私は「人間のあらゆる営みの中で、長く受け継がれ洗練されてきた心の在り方、感じ方」であると思います。秋の枯葉が落ちるのを見て名画が浮かび、百人一首の和歌を思い、懐かしい曲で心が満たされていきます。芸術も文学も、スポーツも芸能もそうですが、「文化」が科学技術と大きく違うのは、心を豊かにし人間を幸せにする方向にだけベクトルが向いている、そうでなければ「文化」とは言えないという点です。「文化」の発展には、伝統や型をしっかり学び（守）、優れたものを「m！x」し（破）、自分だけのものを「創造」すること（離）が不可欠です。本日ご来場の皆様も、本校のテーマに沿って「文化」の一端を楽しんでいただければ幸いです。

第65回熊高文化祭パンフレット（3月1日）

※　傍線部「m！x」と「創造」は、この年の文化祭のテーマです。

6 「掃除、挨拶、猛勉強（猛練習）」

先日、2学期の大きな学校行事である体育祭と文化祭を盛会のうちに閉じることができました。これもひとえに、育友会の皆様のご理解とご支援の賜物と深く感謝申し上げます。

さて、5月の育友会総会でご説明いたしましたが、4月1日の職員会議で、昨年と同様に「理想とする教育理念」は「生徒の自主性と成長の可能性を信頼し、学問（教科）の魅力を熱く語り、人生を豊かにする教養、生きていく勇気、美しいものを求める感性を生徒に育むこと」であると全職員に示しました。また、具体的な教育の重点事項として、「生徒自ら考えて活動するような魅力ある授業の推進」、「自由と責任の重さを考えて行動する人間の育成」、「いじめを絶対許さないという姿勢の徹底と人権感覚の高揚」の3つに取り組むようにし、そのために職員が自ら学び続け、人間的魅力や人権感覚を磨き品格のある言語活動をするよう求めました。そして、今年度は特に、「掃除、挨拶、猛勉強（猛練習）」と、校歌を4番まで覚えて歌うことを生徒に求めていくことにしました。「掃除、挨拶」がきちんとできればどの職場でもどんな社会でも通用すること、「猛勉強（猛練習）」は目標に向かって勉強でも部活動でも真剣に取り組むことが誠実な生き方であること、大切な校歌を省略しないでしっかり歌うことが伝統を受け継ぐことの3点を、始業式や終業式で生徒に繰り返し話しています。

以上のことを職員に周知し、日々の教育活動を通じてその実現に努力しておりますので、今後とも育友会の皆様のご協力をいただければ幸いです。

育友会会報第66号（10月30日）

7　先輩の生き方に学ぶ

この度、育友会の皆様のご支援により、先輩方から後輩への熱い思いが詰まった『君は何をめざすか』第五版を発行していただき、生徒・職員を代表して心から御礼申し上げます。

『君は何をめざすか』の発行の経緯を『熊中・熊高百年史』で振り返ってみますと、平成5（1993）年度の光多豊育友会長が後輩である当時の熊高生を見て、「経済繁栄にスポイルされた、無目的あるいは個人利益追求（言わなければ行動を起こさない受け身の姿勢をとったり、自己中心的な行動をとる）が当たり前のように振る舞う姿勢が横溢している」という危機感を抱かれたことに始まります。そこに、「加熱する受験戦争の中で、考える時間を奪われ、自分の志や進むべき道を見いだせない子や、無気力になる子が増えているかも知れない」との思いから、原育美育友会副会長が子どもたちの進路選択の資料作成を提案され、藏元昭一副会長はじめ育友会の皆様の全面的なご協力のもとに初版が発行されました。

発行当時、私も本校教諭として担任4年目でしたが、確かに無気力、無目的、自己中心的な生徒が目立つようになっていました。進学実績もやや停滞し、「何とかしなくては」という思いが多くの教職員の中にありました。そのような状況の中で、生徒たちに「社会の、あるいはその中での価値観の多様さを知らせ、広い視野に立つ進路選択に寄与することを目的とした」(『熊中・熊高百年史』)この冊子の発行は、本校にとって大変ありがたいことでした。生徒たちは、さまざまな職業や社会貢献の在り方があり、そこに多くの先輩方が活躍しておられる、勇気の出る熱い思いを送っていただいている、自分にも可能性があるという励ましを、先輩方のメッセージから確実に受け取ることができました。今回の第五版も、多彩な先輩方が後輩のために全力で思いを語っておられますので、現在の熊高生が「自分の将来を少しでも具体的にイメージし、明日に向かって自らの意志で力強く、しかも積極的に歩き出してくれる、そうした一助になる」(『同』)ものと期待いたします。

ところで私自身の進路選択は、漠然としたその大学への憧れと、開設講座が面白そうでマスコミ関係への就職が多いという理由から社会学部に進学しました。入学当初は教師という職業を考えたこともありませんでしたが、大学で広く学問の世界に触れ、多くの友人との出会いや経験をする中で、教育学の面白さ、奥深さに魅せられて、3年次に教師になることを決めました。そして熊本に戻り、教諭として19年間授業や担任や部活動の指導に打ち込み、その後県教育委員会職員や教頭・校長などを経て、昨年4月に母校の校長に着任し現在に至っています。これまで生徒の成長と幸せを願い、「頼まれた仕事や役割は断らない」というスタンスで仕事をしてきた積み重ねが、今の自分を創ったのではないかと思います。学校の伝統を守り、校訓や学校教育目標の実現を図り、生徒の安心安全の確保と学業の充実、心身の発達を、学校の総力を挙げて実現できるようマネジメントをすることが校長の仕事です。やりがいがありますので、教師及び校長をめざす後輩諸君を待っています。

結びに、後輩のために玉稿をお寄せくださった多くの先輩方のご協力と、育友会編集委員の皆様の多大なご尽力に心から感謝申し上げますとともに、この冊子が本校の校訓にある「社会に貢献できる人材」の輩出につながることを祈念いたします。

『君は何をめざすか』第五版（10月30日）

※　傍線部『君は何をめざすか』は、進路探求のための資料として職種別に全国の卒業生の経験やアドバイスをまとめた冊子で、数年ごとに執筆者を一新して育友会から全生徒に配付され、進路指導に活用されています。この第五版の編集責任者は、当時の育友会副会長であった森川治雄氏です。

8　学びの海は底ふかし

早春の風の中に花の香りが感じられるようになり、平成24年度も締めくくりの時期となりました。この1年間、育友会役員の皆様をはじめすべての保護者の皆様に多大なご支援とご協力を賜り、職員を代表して深く感謝申し上げます。

また、3年生諸君はいよいよ巣立ちの季節《とき》です。繰り返しになりますが、どんな社会に出ても「誠実」と「掃除・挨拶・猛勉強（猛練習）」は人生を豊かにする基本姿勢です。苦しい時や悩んだ時はそれを着実に実践して人生を切り開いてください。未来に幸多かれと祈ります。

さて、今年度から校歌を正式に4番まで歌うようにしていますが、キーワードは3回も使われている「友」と「学び」です。歌うほどに、この言葉が熊本高校の魂であると感じるとともに、再会するたびにいつも心のやすらぎを覚える同級生のありがたさと、真理を探究することの楽しさを再確認しています。

最近読んだ竹内薫氏の科学エッセーに、米国ノースカロライナ州立大学の研究が紹介されていました。それによると、60人のへそから2368種類もの細菌が見つかり、そのうち1458種は「新種」の可能性があるそうです。さらに、来日経験のない米国人のへそに日本にしかいないはずの細菌がいたり、深海の熱水噴出孔に棲息する「極限環境微生物」まで採取されたそうです。まさに「学びの海は底ふかし」ですね。

ただ、へそだけでなく、皮膚の表面、口や消化器官の中も無数の細菌が棲息しており、人間と共生して重要な役割を果たしています。清潔は大切ですが、行き過ぎると健康を損ねたりするように、人間社会でも異質なものを徹底的に排除する考え方は人間の生存をおびやかすかもしれません。

熊高生諸君は、独善に陥ることなく誠実に生き、深く学んで行動してほしいと思います。本校での「友」と「学び」を、生きる力に変換できるよう職員一同尽力する所存ですので、今後とも保護者の皆様のご理解とご協力をよろしくお願いいたします。

育友会会報第67号（2月20日）

9　平成24年度の生徒の活躍

関西江原会会員の皆様におかれましては、日頃から本校の教育活動に多くのご支援とご協力をいただいておりますことに、心から感謝申し上げます。また、昨年４月の総会・懇親会では、代理で出席した佐田教頭から、大変盛会で多くの方々と親しくお話をさせていただいたと報告を受け、関西江原会の皆様の温かいお心遣いに厚く御礼申し上げます。

さて、１１２周年を迎えた今年度の熊本高校は、県高等学校総合体育大会、高等学校総合文化祭等で多くの部活動が活躍しましたが、特に全国レベルでは、山岳部と陸上部（男子４×４００メートル）が全国高等学校総合体育大会に、将棋部が全国高等学校総合文化祭に出場しています。さらに、クイズ研究会が全国高等学校クイズ選手権で県代表となり、Ｅ・Ｓ・Ｓが英語ディベート大会九州大会で初優勝し全国大会に出場しました。また、吹奏楽部が来年度の全国高等学校総合文化祭出場権を得ています。

進学面でも、今年の大学入試センター試験では全国の公立高校の中でトップクラスの成績を収めており、東大・京大をはじめとする難関大学・学部への合格者数が昨年を大きく上回ることが期待されています。

学校行事では、例年通り7月の水泳大会、8月の第56回熊高音楽会と順調に実施されましたが、9月29日（土）の体育祭が開始1時間後あたりから冷たい雨に見舞われ、午前中で中止せざるを得ませんでした。各団応援や3年生の仮装もできませんでしたので、生徒の気持ちを考えて、異例ですが10月3日（水）に残りの競技と演技を実施しました。天候の判断が甘かったと反省した次第です。文化祭は、10月26日（金）、27日（土）に開催し、お化け屋敷等の各クラスの展示も盛り上がっていました。

ところで、各地区の江原会等で機会あるごとにお伝えしておりますが、今年度から校歌を正式に4番まできちんと生徒に歌わせています。先輩校の済々黌より2年古い伝統ある校歌の素晴らしさを生徒たちに話していますので、「2番までしか歌ったことがない」江原会の皆様にもご理解いただき、総会等の折には4番まで高らかに歌っていただければ幸いです。

113年目を迎える来年度も、進学面、部活動面で江原会の皆様のご期待に沿える
よう頑張りたいと思いますので、どうぞよろしくお願いいたします。

関西江原会会報（3月1日）

10 野田校長先生の「校訓要義」

早春の、まだ冷たい風の中にも、校庭の桜のつぼみが大きく膨らんできた今日の佳き日に、熊本県議会議員岩下栄一様をはじめ、多数のご来賓並びに保護者の皆様のご臨席のもと、熊本高等学校第65回卒業証書授与式を挙行できますことは、この上ない喜びであり、生徒・職員を代表して厚く御礼申し上げます。

先ほど卒業証書を授与いたしました４００名の卒業生の皆さん、本当におめでとうございます。また、今日の日を心待ちにしてこられた保護者の皆様に心からお慶び申し上げます。

卒業生の皆さんは、保護者の皆様のこれまでの深い愛情に対して感謝の気持ちを忘れず、本校で学んだ日々を推進力にして未来に向かって力強く羽ばたいてください。

さて、本日この学び舎を巣立って行く皆さんに、１１２年の歴史を持つ本校の初代校長野田寛先生の言葉を贈ります。それは、本校の校訓を定められた野田先生が、その内容を具体的に解説された「校訓要義」の一節です。先生は、「誠実は根本的の徳にして、一切の道徳の神髄たり。この道なくしてはすべての徳も有名無実となり、この徳ありてすべての徳はじめて始動す」と述べられたあと、この徳を養成するために実践すべき八項目を明示されています。

一つ、保護者や先生・先輩の教えに素直に従うこと。二つ、自分に課せられたことは責任を持って果たすこと。三つ、友人間では特に信義を厚くすること。四つ、約束を守ること。五つ、所定の手続きを確実に行い、期限を守ること。六つ、時間を守ること。七つ、言行一致して表裏がなく、真実を語り心にないことを言わないこと。八つ、人を欺かず、また自己を欺かないこと。

以上の項目は、今から102年前の明治44（1911）年に先生が示されたものですが、現代に生きる我々にも通用する不易の教えであると思います。皆さんのこれからの人生において、壁にぶつかったり悩んだりした時に野田先生の言葉を振り返ってみてください。

私も、「誠実」は本校教育の中核であり、人格完成のための必要条件であると思います。ずるいことをせず自分を偽らないこと、自分を棚に上げて周囲のせいにしたり他人《ひと》の不幸を願ったりしないこと、謙虚に学び続ける姿勢を持つこと、これらを実践すれば困難に当たっても必ず道が開けてきます。そして、校訓の最終目標である国家社会に有為な人材となって活躍することを、心から期待しています。

未曾有の被害をもたらした東日本大震災からもうすぐ2年になりますが、その復興はまだ始まったばかりであり、我が国の内外においても大きな変化と困難が待ち受けています。その中で、本校の卒業生である皆さんの智慧と勇気、若々しい夢と力で、多くの課題を克服してくれることを強く願います。

そろそろ別れのときです。名残は尽きませんが、校歌の4番にあるように、本校でともに過ごした同級生との契りが永遠に尽きることがなく、本日卒業した400名の皆さんの未来に幸多からんことを祈念し、式辞といたします。

平成24年度卒業式校長式辞（3月1日）

第3章　充実期（平成25年度）

1 「学び」と「友」

暖かな春風の中、命の息吹が豊かに感じられる今日の佳き日に、多数のご来賓並びに保護者の皆様のご臨席のもと、平成25年度熊本県立熊本高等学校入学式を盛大に挙行できますことは、この上ない喜びであり、深く感謝申し上げます。

先ほど入学を許可いたしました404名の新入生の皆さん、本当におめでとうございます。本校の一員となられたことを祝福いたしますとともに、在校生並びに全職員を代表して心から歓迎いたします。また、これまで皆さんのことを一番気にかけ、すこやかな成長を楽しみにしてこられた保護者の皆様のお喜びもいかばかりかと存じます。衷心よりお祝い申し上げます。

さて、本校の歴史は、今から113年前の明治33（1900）年に遡ります。当時約1400名の生徒を有していた私立中学済々黌が文部省令の改正に伴って分割され、4月に約800名が黒髪の新校舎に移転して第一済々黌、約600名が今の熊本ホテルキャッスル付近にあった旧校舎に残って第二済々黌として発足いたしました。その第二済々黌が本校の前身であり、同年12月に県立に移管されるとともに熊本中学校に校名を変更し、現在の熊本高等学校へと伝統が引き継がれてきました。

発足当初から本校の学校経営に当たられた初代校長野田寛先生は、母体となったバンカラで豪放な済々黌の校風とは異なる新しい学校の創造に取り組まれました。そのことは、野田先生が制定された本校の校訓に明確に表れています。その象徴的なものが、176文字からなる校訓の最初に示されている「誠実で礼儀正しく、勇気をもって善いことを行い、過ちはすぐに改めること」という教えです。

また、本校は創立4年目に旧校舎から現在の大江の地に建設された新校舎に移転しましたが、野田先生はここに移転した10月30日を創立記念日と定められました。当時の校舎の周辺は見渡す限りの畑であり、本校はまさに辺境(フロンティア)から始まりました。その中で、自主性を重んじ、自由で個性を尊重する校風が現在に至るまで培われてきたのです。

そして、新入生の皆さんが3年間にわたって歌い、卒業後も歌い続ける校歌も、校訓と同様に本校のあるべき姿を示しています。本校の校歌は、熊本県内の高等学校の中で最も歴史が古く、今から103年前の明治43（1910）年に作られました。日本古典文学者の池邊義象氏が作詞し、「春の小川」や「朧月夜」などで知られる岡野貞一氏が作曲した校歌には、「学び」と「友」という言葉がそれぞれ3回も出てきます。「学び」と「友」、この2つが本校の生活で大切にすべきものですので、心を込めて大きな声で元気に歌ってください。

本校は、諸先輩方のご努力によって、熊本県内はもとより全国でも有数の公立の進学校としてその名を馳せております。一方で、体育系や文化系の部活動が大変盛んで、自由の中にも礼節を保ち、自主自立の精神にあふれた人間づくりを教育活動の中心にしています。皆さんは、本校の伝統を受け継ぎながら、受け身ではなく常に自分の頭でものを考え、自己の言動に責任を持ちながら、新しい高校生活を謳歌してください。

最後になりましたが、ご来賓、保護者の皆様には、大変ご多用の中に新入生のためにご臨席を賜り、厚く御礼申し上げます。今後とも、本校の教育活動につきまして、ご支援とご協力を賜りますようよろしくお願いいたします。

結びに、夢と希望にあふれた新入生の皆さんが、これから出会う先生や同級生、先輩から多くのことを学び、勉強だけではなく、それぞれの趣味やスポーツにも励み、人格的に優れた社会に貢献できる人間として成長してくれることを期待し、式辞といたします。

平成25年度入学式校長式辞（4月8日）

2　音楽で人生を豊かに

伝統ある熊高音楽会も今年で57回目を迎えることができました。保護者の皆様、卒業生の皆様をはじめ、物心両面にわたって本校にご支援とご協力をいただいた皆様方に、心から感謝申し上げます。

この音楽会は、グリークラブの発表を中心に開催されて以来発展を続け、現在では女声コーラス部、吹奏楽部、K.S.O.（弦楽オーケストラ）部、江原太鼓部、ジャズ研究同好会と合同で行う総合的な音楽の祭典となりました。

さて、ここで私の音楽遍歴を少々。小学時代は、１９６０年代のアメリカンポップスにビートルズにクレージーキャッツ、中学・高校時代はグループサウンズにフォークソングに懐メロ、大学時代は男声合唱曲にバロック音楽にサイモン&ガーファンクル、そして教師になってからはアリスに演歌にカントリーにはまり、今やスローなジャズを聴きながら眠りについています。

音楽は人生の友であり、生きる勇気を与えてくれます。また、音楽を通じてつながったともだちはかけがえのない宝物です。そんな宝物を手にした生徒たちが本日ステージに立ち、各部の努力の成果を十二分に発揮してくれることと思います。ご来場の皆様も、努力してきた生徒たちの晴れやかな顔と素晴らしい演奏を存分にご堪能いただければ幸いです。

第57回熊高音楽会パンフレット（8月12日）

3 「Rolling Stones」

地球上の生物の中で、さまざまな文化を持つのは人類だけです。DNAの約98・4％が人類と同一であるチンパンジーですら文化と呼べるものはありません。なぜ人類だけが文化を持てたのでしょう。それは、巨大化した脳によって生み出される想像力が発達したからです。死者の埋葬やアルタミラの壁画など、見えないものへの畏れ、不安、憧れ、期待を表現することから始まり、その民族特有の行動様式やコミュニケーションが発展していきました。

来場者の皆様、そして熊高生諸君もこのような視点から本校の文化祭を味わっていただければ幸いです。今年のテーマ「ROCK ～ Revolution Of Creativity at Kumakou ～」に基づき、これからの熊高生がいい意味で苔のつかない、創造性に富んだ「Rolling Stones」となることを期待します。

第66回熊高文化祭パンフレット（8月12日）

4　自立した「士君子」

朝晩に初秋の香りが漂うようになった本日、多くのご来賓と保護者の皆様のご臨席のもと、このように盛大に第66回熊本高校体育祭を開催できますことはこの上ない喜びであり、日頃から本校の教育活動に深いご理解とご協力を賜っております地域の方々や卒業生、保護者の皆様に心から感謝申し上げます。

さて、本日の体育祭のテーマは「勇往邁進 ～ come on 熊高！～」です。個性豊かな熊高生諸君がそれぞれに輝き、しかも整然としたまとまりを見せる姿を期待しています。本校は、自由の中にも自己の責任の重さを感じて行動する自立した「士君子」の育成をめざしており、この体育祭の運営もすべて生徒自身の手によって行われます。また、体育祭実行委員会、生徒会総務、各団応援団の諸君が毎日夜遅くまで準備し、練習を重ねて今日の日を迎えていますので、素晴らしい体育祭となることを期待しています。

本日は、創立113周年を迎えた熊本高校がさらに飛躍するよう勇往邁進する本校生の姿をご覧いただき、ご観覧の皆様に大きな感動を与える1日となることを心より祈念いたします。

第66回熊高体育祭パンフレット（8月12日）

5　校歌の歴史と4番の歌詞

本校の校歌は、創立10周年を記念して明治43（1910）年10月に作られ、今年で103年目を迎えた伝統ある校歌です。作詞は、京都帝国大学講師でのちに皇室の御歌所寄人を務めた国文学者池邊義象氏、作曲は、東京音楽学校助教授（声楽、のち教授）で「春の小川」「朧月夜」「紅葉」などの文部省唱歌を手がけた作曲家岡野貞一氏です。

この校歌は、昭和20（1945）年7月1日の米軍機空襲による校舎消失とその後の敗戦、連合国による日本占領という歴史の荒波の中で歌われなくなっていました。そして、サンフランシスコ講和条約発効で日本が独立を回復した昭和27（1952）年からようやく校歌の指導が始められました。まずは2番までだったと思われますが、その後も卒業式等の式典でほとんど3、4番が省略されてきたのが本校校歌の歴史です。

歌は歌詞がいのちです。表現するものがあるから言葉になり、その意味を感じながら歌ったり聞いたりするから心に響くのです。校歌は校訓と同じく、生徒のあるべき姿や心構え、目標や真理などを表現しています。4番まで歌ってはじめて1つの意味をなすのであり、途中で省略するのは校訓を省略するようなものだと思い、昨年度から全校生徒にすべての場面で4番まで歌うよう指導しています。そしてこれが伝統の復活になることを期待しています。

校歌の4番は、全国の数ある学校の中からこの熊本中学（熊本高校）を選び、多くの学生の中から運命的ともいえる出会いで同級生となった友との友情は、永遠にそびえる金峰山や阿蘇山のように、また阿蘇の伏流水がこんこんと湧いてくる出水の水のように、どこまでも尽きることはないと謳っています。これが本校の校歌の最も大切な部分であり、在学中はもちろん、卒業後も友情を深め合う同窓会において4番まで高らかに歌っていただきたいと思います。

育友会会報第68号（10月30日）

6　創立記念日

謹んで初春のお慶びを申し上げます。

旧年中は大変お世話になり、ありがとうございました。また、昨年6月2日の総会・懇親会では、いつもの『百楽』の円卓で変わらぬおもてなしを賜ったことに深く感謝申し上げます。本年もどうぞよろしくお願いいたします。

さて、本校の創立記念日は、明治37（1904）年に藪の内（現在の熊本ホテルキャッスル付近）から現在の大江の地に移転して新校舎落成式が挙行された10月30日であり、明治43（1910）年の創立10周年を機に初代野田寛校長先生が制定されました。この年には校歌も制定され、前年には野田先生が校訓を示されるなど、熊中・熊高発展の基礎が築かれた時期です。昨年度から創立記念講演を在熊の先輩にお願いしており、第1回目は門垣逸夫先輩（高13回）、今年度は本田憲之助先輩（高9回）から今の熊高生に大変有意義なお話をいただきました。

移転当時は畑と草原が広がる「大江原頭」であり、ここにちなんだ「江原」という言葉に新しい学校づくりに情熱を注がれた野田先生の思いが込められています。先生は、移転の1年前に発行された校友会誌を早くも『江原』と命名され、大正6（1917）年に発足した熊中の同窓会の名称も「江原会」と名づけられました。文字通り辺境（フロンティア）から始まった野田先生の自主自立の教育方針を受け継ぎ、伝統を守りながらも常に進取の気性をもった士君子の養成をめざしていきますので、今後ともご指導ご鞭撻いただきますよう、よろしくお願い申し上げます。

東海江原会会報（1月1日）

7　文字デザイナー小塚昌彦先輩

「春は名のみの風の寒さや」の季節ですが、太陽の光は確実にその明るさを増し、平成25（２０１３）年度も総仕上げの時期となりました。これまで育友会役員の皆様をはじめすべての保護者の皆様に多大なご支援とご協力を賜り、職員を代表して深く感謝申し上げます。

また、3年生諸君は3月1日に本校から巣立って行きますが、「誠実」と「掃除・挨拶・猛勉強（猛練習）」の姿勢を堅持していればどの世界でも道が開けます。本校で身につけた「魂」を財産として、堂々と歩んでくれることを期待しています。

さて本校は、大変ありがたいことに卒業生（江原会）の皆様からしばしば書籍を寄贈いただきます。今年も、新年早々に熊中47回（昭和22年）卒の文字デザイナー小塚昌彦様の著書『ぼくのつくった書体の話―活字と写植、そして小塚書体のデザイン―』をいただきました。寄贈主は、小塚様の熊中の同級生でご友人の高森章作様です。控えめなご本人が遠慮されるので、代わって寄贈されたとのことでした。

このご著書を拝読して感動したことが2つあります。1つ目は、小塚様がご家庭の事情で熊中卒業後毎日新聞社に入社され、活字の制作や文字デザイン一筋に打ち込まれて、ご自分の名を冠した「小塚明朝」「小塚ゴシック」や多くのパソコンソフトで採用されている文字をデザインされたことです。まさに橋脚だった本校の門柱のように、目立たないけれども多くの人と文化を支えていらっしゃる素晴らしい先輩です。

2つ目は、ご著書の中で「この学校の『士君子』教育、学究魂は、良き友とともに、のちの私の人生で大きな力となっています」と述べられ、その「良き友」である高森様との親交が、ご卒業66年目の今でも続いているということです。本校の校歌のキーワードである「友」と「学び」、そして4番の「結ぶちぎりは託摩野の出水の水の盡きめやは」を体現されておられる先輩方に深く敬意を表します。

私たち職員一同、本校の伝統である「友」と「学び」の魂を永く生徒に伝える所存ですので、今後とも保護者の皆様のご理解とご協力をよろしくお願いいたします。

育友会会報第69号（2月28日）

8　平成25年度の生徒の活躍

寒さの中にも春の訪れが感じられる季節になりましたが、青年江原会の皆様におかれましては、ますますご清栄のこととお慶び申し上げます。また、日頃から本校の教育活動に物心両面で多大なるご支援とご協力をいただいておりますことに対しまして、心から感謝申し上げます。

さて、熊本高校の部活動は、今年度も多くの実績を挙げており、現在校長室に女子テニスと水球の県大会優勝旗が飾られています。また、昨年に続いて陸上部のリレー（男子4×400メートル）がインターハイに出場し、囲碁部、ディベート部、放送部などが全国大会出場を果たしています。全国高等学校総合文化祭には吹奏楽部が出場し、来年度はK．S．O．（弦楽オーケストラ）部が県代表に選ばれました。さらに進学面でも、今年の3年生は、東大現役合格13名をはじめとする難関大学・学部への合格者を出した昨年と比較しても遜色なく、3月の合格発表を楽しみにしています。

ところで、昨年の祭りでは大変お世話になりました。裃姿で参加させていただくのも2回目となり、平六會の皆様の団結力と気配りで素晴らしい随兵を楽しむことができました。そして、今年の担当学年の平七會の皆様は、私の学年（四八会《よんぱち》）が祭りを担当した平成4（1992）年に入学し、私が1年と3年の時担任した学年でもあり、一層感慨深いものがあります。きっと、「あの子たちがこんなに成長したのか」と驚かせてくれる祭りになることと思います。

創立114周年を迎える来年度も、進学面、部活動面で江原会の皆様のご期待に沿えるよう職員・生徒一丸となって頑張りたいと思いますので、どうぞよろしくお願いいたします。

最後になりましたが、青年江原会の皆様のますますのご発展とご健勝を祈念申し上げまして、ご挨拶といたします。

青年江原會會報（3月1日）

9　改めて校歌に学ぶ

正門前の桜並木のつぼみが膨らみを増してきた今日の佳き日に、熊本県議会議員岩下栄一様をはじめ、多数のご来賓並びに保護者の皆様のご臨席のもと、熊本高等学校第66回卒業証書授与式を挙行できますことは、この上ない喜びであり、生徒・職員を代表して厚く御礼申し上げます。

先ほど卒業証書を授与いたしました卒業生の皆さん、本当におめでとうございます。また、これまで皆さんのことを大切に育て、今日の日を心待ちにしてこられた保護者の皆様に心からお慶び申し上げます。卒業生の皆さんは、保護者の皆様のこれまでの深い愛情に対して感謝の気持ちを絶対に忘れず、それに恥じない生き方を心がけてください。

皆さんを待ち受ける社会は、予測のできない変動や困難が待ち受けているかもしれません。また、忘れてはならない東日本大震災からやがて3年目の日を迎えようとしていますが、その復興はまだ十分とは言えず、我が国の内外においても多くの課題が山積しています。その中で皆さんは、これまで繰り返し奨励してきた「掃除、挨拶、猛勉強（猛練習）」を確実に実践し、智慧と勇気と若い力で、日本だけでなく世界に希望の光を灯してくれることを期待しています。

さて、卒業生の皆さんが2年生の時から、本校の校歌の意義を全生徒に語り、長らく省略されてきた3番、4番まで式典等で歌うようにしました。校歌は、校訓と同じく熊高生のあるべき姿を示すものであり、卒業後も同窓生としての自覚と友情を深め、人生の活力となるものです。私自身も、歌うたびに現在の自分の生きる姿勢を振り返らせてくれるとともに、不思議と元気が出てきます。本日は、皆さんが熊高生として最後の校歌斉唱がありますので、私が特に人生の指針としている歌詞の一節を4番それぞれにご紹介して、皆さんへのはなむけの言葉といたします。

まず1番にある「清廉以て風を為し」です。この「清らかで私欲がないこと」は、誰からも信頼される必要条件であり、本校教育の目標である「士君子」の基礎となるものです。2番にあるのは、「清き心のわが友ら」です。素晴らしい友ができた熊本高校のありがたさを感じ、清き心で変わらぬ友情を持ち続けたいと思います。3番には、「赤き心のまこともて」があります。本校の校訓の冒頭に掲げられた「誠実な心」であらゆることに取り組むことの大切さを示しています。最後の4番は、「出水の水の盡きめやは」です。熊高生としてのスピリッツと、かけがえのない友人は永遠に尽きることがありません。本日も、そして社会に出てからも、高らかに校歌を歌い、校歌から学び続けてください。

そろそろ別れのときです。名残は尽きませんが、卒業生の皆さんの未来に幸多からんことを祈念し、式辞といたします。

平成25年度卒業式校長式辞（3月1日）

第4章　発展期（平成26年度）

1　校長として最後の新入生を迎える

さわやかな春風の中に大自然の息吹が感じられる今日の佳き日に、多数のご来賓並びに保護者の皆様のご臨席のもと、平成26年度入学式を盛大に挙行できますことは、この上ない喜びであり、深く感謝申し上げます。

先ほど入学を許可いたしました４０３名の新入生の皆さん、本当におめでとうございます。本校の一員となられたことを、在校生並びに職員を代表して心から歓迎いたします。また、すこやかな成長を楽しみにしてこられた保護者の皆様のお喜びもいかばかりかと存じます。衷心よりお祝い申し上げます。

さて、今年で創立１１４年目を迎える本校は、明治33（１９００）年４月に当時の私立中学済々黌が分割されて誕生した第二済々黌を前身とし、同年12月に熊本中学校と改称され、現在の熊本高等学校へと伝統が引き継がれてきました。

創立当初から本校の学校経営に当たられた初代校長野田寛先生は、母体となった済々黌の「元気を振ふ」校風とは異なる新しい学校の創造に取り組まれました。まず野田先生は、校訓の冒頭に、「誠実な心を持ち、礼儀正しく、勇気をもって善いことを行い、過ちはすぐに改めること」を明示されました。

また、創立4年目に現在地に移転し新校舎落成式が行われた10月30日を創立記念日に制定して、開拓者精神を常に持ち続けることを求められました。それは、移転してきた当時の大江周辺は、見渡す限りの畑であり、金峰山や阿蘇山が一望できる文字通りの辺境（フロンティア）だったからです。その中で、自主性を重んじ、自由で個性を尊重する校風が現在に至るまで培われてきました。

その後本校は、諸先輩方のご努力によって、熊本県内はもとより全国でも有数の公立の進学校としてその名を馳せております。さらに、体育系・文化系の部活動やボランティア活動も大変盛んで、自由の中にも礼節を重んじ、自主自立の精神にあふれた人間づくりを教育活動の中心にしています。皆さんは、本校の伝統を受け継ぎ、受け身ではなく常に自分の頭でものを考え、自己の言動に責任を持って、新しい高校生活を謳歌してください。

それから、本校の校歌は、熊本県内の高等学校の中で最も歴史が古く、今から104年前に野田校長先生の指示で制定されました。日本の古典や和歌に通じた池邊義象氏による歌詞は、100年以上前のものとは思えないほど率直でわかりやすく、「春の小川」や「故郷」などの唱歌で有名な岡野貞一氏作曲の美しい旋律に乗り、雅さと深さが感じられます。特に、校歌の中に「学び」と「友」という言葉がそれぞれ3回も出てきます。この「学び」と「友」が卒業後の一生の宝となるものですので、これから3年間心を込めて、元気な声で歌ってください。

最後になりましたが、ご来賓、保護者の皆様には、大変ご多用の中に新入生のためにご臨席を賜り、厚く御礼申し上げます。今後とも、本校の教育活動につきまして、ご支援とご協力を賜りますようよろしくお願いいたします。

結びに、夢と希望にあふれた新入生の皆さんが、これから出会う先生や先輩、同級生から多くのことを学び、入学許可で述べたように、社会に貢献できる「士君子」として育ってくれることを期待し、式辞といたします。

平成26年度入学式校長式辞（4月8日）

2　学校経営の方針

私は、赴任当初から年度初めの職員会議で学校経営の方針を文書にして配付し、その徹底を図ってきました。そして、この内容は生徒も理解しておくべきではないかと考え、4月の始業式の校長式辞で生徒用に一部修正したものを全校生徒に配付し、逐一説明して理解と協力を求めました。

1　理想とする教育理念
生徒の自主性と成長の可能性を信頼し、学問（教科）の魅力を熱く語り、校訓の冒頭にある「誠実心」、人生を豊かにする「教養」、美しいものを求める「感性」を育む。

2　目標とするリーダー像
常に笑顔で、「腰軽く、腹強く、胸涼しく」を実践するリーダー（教師）。

3　教育活動の重点事項（順不同）

（1）授業の充実…詰め込み型ではなく、教科の魅力を感じさせ、生徒自ら考えて学習するような授業の推進（同時に教師自ら学び続け、人間的魅力やセンスを磨きましょう）。

（2）道徳教育…規則で動き命令を待つ生徒ではなく、自由と責任の重さを自分で考えて行動する自立した人間の育成（全教科、全職員で意識して語りかけましょう）。

（3）人権教育…いじめを絶対に許さないという姿勢の徹底と、生徒及び教師の人権感覚の高揚（教科指導でも生徒指導でも常に品格のある言語活動に努めましょう）。

（4）不祥事防止…熊本高校の職員（生徒）としての誇りを持った言動。

①　いつも「誰かが見ている」という気持ちを持つ。

②　魔が差した時に、大事な自分の家族や友人のことを想起する。

③　違法行為は、いつか必ず発覚することを肝に銘じる。

4　めざす学校像

（1）校則による強制ではなく、教師は生徒を信頼し、生徒が自立して考え行動する学校。

（2）生徒同士で友達から良い点を学び、悪い点は指摘し合える学校。

（3）生徒も職員も、挨拶と掃除に一生懸命取り組む学校。

（4）部活動や学校行事が盛んで、生徒と教師に感動と笑顔のあふれる学校。

（5）平成26（２０１４）年度の具体的取り組み。

①　昨年に引き続き、「掃除・挨拶・猛勉強（猛練習）」のスローガンを継続し、何事にも誠実に取り組む。

②　精神的成長を促すため、本校の校訓についてより深く学び、「士君子」を目指す熊高生としての意識を高める。

始業式配布資料「熊本高等学校がめざすもの」（4月8日）

3　スマートフォン・携帯電話の使い方

平成26（2014）年5月に行方不明になっていた熊本県南部の女子高校生が6月になって遺体で発見され、インターネットで知り合った男に殺害されていたというショッキングな事件がありました。その事件を受けて生徒に改めて指導するために、校長名で次のような文章を作成して全生徒に配付しました。

> 現在、多くの人がスマートフォンや携帯電話を所持していると思います。通信・連絡・検索等に大変便利な機器ですが、それに伴うトラブルや事件も多発しています。これまで、全体集会等で注意するよう呼びかけてきましたが、今回の女子高校生の事件を受けて、改めて熊高生として守ってほしい事項を以下にまとめましたので、よく読んで理解し、実践してください。
> なお、保護者の皆様に、スマートフォン・携帯電話の使い方について生徒諸

君と話し合っていただくようお願いしていますので、各ご家庭でよろしくお願いします。

〈熊高生として〉

1　会話だけでなく、ＬＩＮＥやメールにおいても誠実に、自分や他人を偽ることなく、校訓に従って士君子精神を保ちましょう。

2　文字による表現は顔の表情や声の調子が伝わらず、微妙な感情の行き違いで誤解が生まれやすいので、会話する時よりも丁寧な言葉を選びましょう。

3　ＬＩＮＥやメールにおいて、他人の人格をおとしめるような発信や匿名の攻撃などは絶対にしてはいけません。自分の品性を下劣にするばかりで不幸な人間になります。

4　自分や他人の写真・動画等は個人情報であり、インターネットに載ればほぼ永久に消すことができません。保護者の方を悲しませるようなものを送信しないでください。

5　インターネットや電話だけの交流で知り合った相手は、犯罪に巻き込もうとする人間かもしれません。できるだけ交友関係を保護者の方に知らせ、誘いがあった場合は必ず保護者の方に相談してください。

6　スマートフォン・携帯電話を使いながらの自転車運転は絶対にしてはいけません。法律で禁止されており、重大事故につながります。また、歩行中も自動車の暴走や痴漢等の被害にあう可能性があります。周囲に気を配りながら、季節の移ろいや花の香りを感じて歩いてください。

7　「孤独な思索こそが人間性を深くする」という言葉があります。学校にいる時や夜の静かなひとときにはスマートフォンや携帯から離れて、自分や友人の自由な思索の時間を確保してはいかがでしょうか。

全校生徒配付資料（6月27日）

4　飾馬奉納40周年に寄せて

青年江原会の皆様による飾馬奉納40周年、誠におめでとうございます。また、この大きな節目の年に、奉納に参加した経験を持つ自分が母校の校長でいられることに深い縁を感じ、心から感謝申し上げます。

この藤崎八旛宮秋季例大祭は、熊本市民に秋の訪れを告げる由緒正しい祭りとして古くから親しまれて来ました。私も小学校に入る前に、まだ夜も明けぬうちから家族と鳥居前の食堂の2階に陣取り、随兵《ずいびょう》と飾馬を心待ちにしていた瞬間が懐かしく思い出されます。

昭和50（1975）年に青年江原会の皆様が飾馬奉納に初参加された頃は東京で学生生活を送っており、熊本に戻ってからもあまりご縁がありませんでしたが、母校に赴任してからは担当学年として奉納にかかわり、当時7歳の次女とともに3回参加しました。平成4（1992）年は、谷崎実行委員長のもと、四八会《よんぱち》の一員として母校の体育館での練習等で、少しはお世話ができたような気がします。

その後母校を離れてからご縁が薄くなりましたが、平成23（２０１１）年4月に校長として母校に赴任してからは、飾馬奉納とその発展にご尽力された先輩方や同窓の皆様とのご縁を深めていただくようになり、本当にありがとうございました。さらに昨年と一昨年は、永田会長、門垣副会長とともに先頭を歩かせていただき、校長としても江原会の一員としても一生の思い出となりました。

今年は本校の体育祭と日程が重なってしまい大変残念ですが、40周年にふさわしい素晴らしい飾馬奉納になることを確信しています。それは、担当学年の平七會の皆さんが、1年と3年の時私が担任した学年であり、当時の熱い思いを仲間との団結力に変換して必ず成功に導いてくれると思うからです。

青年江原会の皆様におかれましては、これからも永遠に続く飾馬奉納の伝統を確実に引き継いでいかれるとともに、江原会のますますのご発展を心から祈念しまして、お祝いの言葉といたします。


藤崎八旛宮秋季例大祭飾馬奉納40周年記念誌（7月19日）

5　音楽は時代とともに

伝統ある熊高音楽会も今年で58回目を迎えることができ、保護者の皆様、諸先輩方をはじめ、物心両面にわたってご支援とご協力をいただいたすべての皆様に、心から感謝申し上げます。

この音楽会は、グリークラブの発表を中心に開催されて以来発展を続け、現在では女声コーラス部、吹奏楽部、K．S．O．（弦楽オーケストラ）部、江原太鼓部、ジャズ研究同好会と合同で行う総合的な音楽の祭典となりました。

さて、私はカラオケが好きで時々歌いますが、「歌は世につれ」というように、歌が流行していた当時の状況や心情が鮮明に蘇ります。私が熊高生だった1970年代前半は、学生運動の残り火が消えていく頃であり、若者のやるせない心情を歌ったフォークソングが全盛でした。私も下手なギターを弾きながら、岡林信康、吉田拓郎、ビリーバンバン、小椋佳などの歌を歌っていました。暗い気持ちで過ごした1年生、家庭謹慎を受けながらも楽しく過ごした2年生、受験勉強に集中した3年生、それぞれの時代の空気や思い出がすべて表現できるのも歌の持つ魅力です。

音楽は、生きる勇気と瑞々しい感性を与えてくれるとともに、音楽を通じてつながった友というかけがえのない宝物を与えてくれます。そんな宝物を手にした生徒たちが本日ステージに立ち、これまでの努力の成果を十二分に発揮してくれることと思います。ご来場の皆様も、音楽をこよなく愛する生徒たちの晴れやかな顔と、素晴らしい演奏を存分にご堪能いただければ幸いです。

第58回熊高音楽会パンフレット（8月12日）

6　異文化と自由な発想

人類の文化とは、各民族が発展させてきた言語や生活の中から育まれましたが、他面では民族を超えて拡大し、人類共通の文化に発展した歴史があります。それは人類が発達させてきた想像力の賜物であり、違う文化の中に魅力を感じ、その文化を取り入れ変化させることで、普遍的な価値を持つ文化が生まれるのです。

つまり、文化の発展のためには、豊かな想像力の他に、異質なものを受け入れる柔軟な感性が必要であり、異文化の存在と他者の自由な発想を否定することは、文化すなわち人間性から最も遠い存在になることです。

今年のテーマ「Are U ready?」も、"U"に想像力を働かせてさまざまな文化を創造することを期待しています。来場者の皆様、そして熊高生諸君もこのような視点から本校の文化を楽しんでいただければ幸いです。

第67回熊高文化祭パンフレット（9月19日）

7 「士子」に期待する

朝晩に初秋の香りが漂うようになった本日、多くのご来賓と保護者の皆様のご臨席のもと、このように盛大に第67回熊本高校体育祭を開催できますことに、心から感謝申し上げます。また、日頃から本校の教育活動に深いご理解とご協力を賜っておりま す地域の方々や卒業生、保護者の皆様に厚く御礼申し上げます。

さて、本日の体育祭のテーマは、「士子奮迅」です。まさに「士君子」になろうとしている生徒諸君が、汗を流して奮闘しながらそれぞれに輝き、自主的に自分の役割を果たす姿を期待しています。本校は、自由の中に自己の責任の重さを感じて行動する自立した人間の育成をめざしており、今日1日の運営も体育祭実行委員の手によって行われます。また、各団の応援団の諸君もそれぞれ工夫を凝らし、ハードな練習を重ねて今日の日を迎えています。

創立114周年を迎えた本校のグラウンドにおいて、「士子」である熊高生が青春のエネルギーを昇華させ、ご観覧いただいている皆様に大きな感動が生まれることを祈念いたします。

第67回熊高体育祭パンフレット（9月21日）

8　校歌の恩人　大西校長先生

先日、２学期の大きな学校行事である文化祭と体育祭を盛会のうちに閉じることができました。これもひとえに、育友会の皆様のご理解とご支援の賜物と深く感謝申し上げます。

さて、学校行事等で校歌をきちんと４番まで歌うようになって３年目となりました。江原会の各種会合でもご協力いただいて先輩方にも定着しつつあり、伝統が復活していることを大変嬉しく思っています。その校歌が、第二次世界大戦後の激動を生き抜くことができたのは、本校第５代校長大西嘉幸先生のご尽力によるということをご紹介いたします。

『熊中・熊高百年史』によれば、昭和22（１９４７）年４月に着任された大西先生は、兵舎跡での授業など物心ともに荒れ果てた学校の再建に奔走され、特に熊中の伝統を新制高校に受け継ぐことに腐心されました。『百年史』には、「校章も三つ葉銀杏をそのまま残して『中』を『高』に差し替え、また熊中生の誇りであった袖章（白黒二線のレース）も引き継ぎ、校歌についても軍政局（占領軍の機関）の注意を聞き流しそのまま受け継ぐことにした」とあります。占領軍（ＧＨＱ）の絶対的な支配と圧力の中で大西先生は校歌を守られ、昭和27（１９５２）年に日本が独立を回復すると、音楽の滝本泰三先生に校歌の指導を指示されたのです。

このような校歌ですので、先輩方には高校時代になじみがなくとも歌詞を見ながらでも歌っていただければ、必ず３番、４番の歌詞の素晴らしさと伝統の重みが感じられるものと思います。一昨年の県庁江原会では、初めて４番まで歌ってその歌詞に感激したと30代の職員の方から話しかけられ、卒業生のためにこそ３番、４番があるという思いを強くした次第です。

大西校長先生の思いを継承し、校歌のキーワードである「学び」と「友」を得られる母校の伝統を守るために、今後とも在校生及び卒業生の皆様のご協力をよろしくお願いしたいと思います。

育友会会報第70号（10月30日）

9　東海江原会創立20周年祝辞

謹んで初春のお慶びを申し上げます。

旧年中は大変お世話になり、ありがとうございました。また、昨年6月1日の総会・懇親会では、4回目の『百楽』の円卓が懐かしく、また先輩方の変わらぬ笑顔と元気をいただき、深く感謝申し上げます。

さて、今年の5月に東海江原会創立20周年を迎えられますことに、心からお祝い申し上げます。発足当時の先輩方のご苦労も多かったと存じますが、同窓生という絆を着実に深めていかれ、日本経済を担う東海地方でご活躍の先輩方の熱い思いが、継続されていかれる原動力になったのだと思います。大江原頭というフロンティアから始まった本校の伝統を、東海地区でしっかりと受け継がれてこられた先輩方のご活動が今後、50年、１００年とますます発展されることを心から祈念いたします。

今年で１１５年目を迎える本校生も、先輩方に負けずに頑張っております。昨年は、進学面はもとより、ボート、水泳、少林寺拳法、放送、弦楽、囲碁、将棋、百人一首、クイズ研究会の各部・同好会が全国大会に出場し、他の部活動も九州大会等に多く出場するなど、文武両道で母校の名をさらに高めております。

今後も野田先生の自主自立の教育方針を受け継ぎ、伝統を守りつつ常に「小成に安んずること」のない「士君子」の養成をめざしていきますので、先輩方のご協力とご支援をどうぞよろしくお願い申し上げます。

東海江原会会報（1月1日）

10 「士君子」とは

明けましておめでとうございます。今年は雪の舞うお正月でしたが、皆様も良い年をお迎えのこととお慶び申し上げます。

先ほど本校体育館での始業式を終え、校長室に戻って来ました。3学年そろった場で式辞を述べるのは最後となりますので、少し感慨深いものがありました。その中で、友情と「士君子」について生徒諸君に話をしました。

実は、今まで入学式や卒業式等の式辞で「士君子」に触れたことはほとんどありませんでした。この言葉は、「士君子タルノ修養ヲ全ウシ」という本校の校訓の一節にあり、熊高生がめざすべき人物像です。体育館正面の左上に大書して掲げられており、在校中も卒業してからも、熊本高校の象徴として語られます。しかし、これまでの私の式辞では、校訓の冒頭に出てくる「誠実」、校歌に3回も謳われる「友」と「学び」をキーワードに4年間話をしてきました。それは、自分自身がOBでありながら、

「士君子」という言葉に何かしら気恥ずかしさを感じるからでした。在校中も卒業後も、その言葉にふさわしい生き方はしてないなあという屈折した感情からかもしれません。

今回「士君子」について初めて語ったのは、今年1月5日に東海江原会の岩下宗弘様（昭和32年卒）からいただいたFAXがきっかけでした。そこには、岩下様の同級生でトヨタ自動車の四輪駆動車ランドクルーザー開発に尽力された吉井正臣様のテレビ出演についてご紹介されており、翌日メールで吉井様の映像をお送りいただきました。そして、1月7日にいただいたメールで、「吉井君は、私の目には正に『士君子精神の持ち主』と写ります。穏やかな性格。大人の風格。多くの分野に対して、深く追求する姿勢。傍にいる人を、良い気分にする人。間違いや、曖昧なことには『ビシッと』指摘します」とご友人を称賛しておられます。

この「士君子像」には、やや偏屈者の私も敬服かつ同感いたしまして、吉井様のご功績とともに岩下様の表現に感動したことを全生徒に紹介しました。きっと生徒たちも、先輩方の友情とご活躍に刺激を受け、これから自分なりの「士君子像」を考えてくれるものと思います。

それでは定年退職まであと少しですが、３月末までどうぞよろしくお願い申し上げます。

学校のホームページ「新年のご挨拶」（1月1日）

11　4年間の「縁《えにし》」に感謝

厳しい寒さの中にも桜のつぼみが膨らみ始める季節になりましたが、青年江原会の皆様におかれましては、ますますご清栄のこととお慶び申し上げます。

さて、私は歴代4人目のOB校長として平成23（2011）年4月に着任し、以来4年間、本当に青年江原会の皆様にはお世話になりました。新年会やビアパーティーなどの行事はもちろんですが、飾馬奉納に関連した多くの会合にお招きいただき、素晴らしい先輩方、同級生、後輩や教え子の皆さんと楽しい時間を過ごすことができました。その中で、改めて母校のありがたさ、江原会のつながりの大切さと、校歌の4番にある「結ぶちぎりは託摩野の出水の水の盡きめやは」を実感しました。また、平成24（2012）、25（2013）年と2回も裃姿で永田会長、門垣副会長と飾馬奉納の先頭を歩かせていただき、一生の思い出となりました。平四から平七に至る4年間の実行学年が私の教諭在任中の生徒たちであったこと、飾馬奉納40周年の大きな節目に巡り合うことができたことの2つの「縁《えにし》」に感動するとともに、お世話になった皆様に深く感謝申し上げます。

私は今年の3月末をもって校長を退任いたしますが、青年江原会の皆様から、第3代福田源蔵校長先生が定められた「褐色《かちいろ》」の校旗を新調していただき、この春の卒業式でお披露目できることを大変ありがたく、光栄に存じます。創立115周年を迎える来年度も、進学面、部活動面で江原会の皆様のご期待に沿えるよう職員・生徒一丸となって頑張ってくれると思いますので、今後とも母校への応援をどうぞよろしくお願いいたします。私もこれからは、一人のOBとして声援を送るつもりです。

最後になりましたが、青年江原会の皆様のますますのご発展とご健勝を祈念申し上げまして、ご挨拶といたします。

青年江原會會報（3月1日）

※　傍線部「褐色」は、紺よりもさらに濃い、黒色に見えるほどの藍色のことです。なお、本書のカバーデザインは、「褐色」に最も近い色を使用しています。

12　校名のない門柱

校庭を吹き抜ける風の中に、春の気配が感じられる今日の佳き日に、熊本県議会議員岩下栄一様をはじめ、多数のご来賓並びに保護者の皆様のご臨席のもと、熊本高等学校第67回卒業証書授与式をこのように盛大に挙行できますことに、生徒・職員を代表して厚く御礼申し上げます。

先ほど卒業証書を授与いたしました卒業生の皆さん、本当におめでとうございます。また、今日の日を心待ちにしてこられた保護者の皆様に心からお慶び申し上げます。卒業生の皆さんは、保護者の皆様の深い愛情を心に刻み、それに恥じない生き方をするとともに、感謝の気持ちを絶対に忘れないでください。

さて、ご承知の通り本校正門の門柱は、学校名も何も表示がないゴツゴツした石柱です。『熊中・熊高百年史』によれば、この石柱は熊本城正面入り口にあった下馬橋《げばばし》の橋脚であり、天草方面からの薪を乗せて毎日10隻以上も坪井川を行き来した高橋舟によって削られた凹みが残っています。その下馬橋は明治35（１９０２）年、明治天皇行幸の際に現在の行幸橋《みゆきばし》（熊本市民会館横）に架け替えられました。そのときに長塀の下に投げ出してあった橋脚の一部を初代校長野田寛先生が貰い受け、当時の熊中生が荷車で運んで大江の新校舎（明治37（１９０４）年10月竣工）の門柱とされたそうです。この門柱には、今は風化して読み取れませんが、「明和三年戌正月」の銘が刻まれています。明和３（１７６６）年頃は、日本では第10代将軍徳川家治のもとに田沼意次が実権を握りつつある時代であり、イギリスでは産業革命が始まっています。フランスではルソーの『社会契約論』の思想が拡大し、アメリカ合衆国の独立宣言（１７７６年）、フランス革命（１７８９年）と続く市民革命の世紀でした。

約２５０年の歴史を持つ石柱が、本校の正門として１００年以上も存在することに大きな感動を覚えます。さらに、その石柱を表札もつけずに本校の正門とされた野田先生の強い信念が感じられます。なぜなら、移転前の旧校舎正門の写真には、「熊本県立熊本中學校」と記された大きな表札が写っているからです。野田先生は、他人に知られなくとも着実に心身を鍛え、この日本と社会に貢献する「士君子」の象徴にされたのだと思います。本日は、ぜひその手で直接門柱に触れ、本校の伝統と野田先生の思いを感じて巣立ってください。

ところで、この3年間、私が卒業生の皆さんに語り続けた言葉を覚えていますか。それは「掃除、挨拶、猛勉強（または猛練習）」です。掃除に必要なものは、観察力と計画立案力と実践力です。挨拶に必要なものは、積極性と包容力と笑顔です。そして、猛勉強・猛練習に必要なものは、苦しいことや嫌なことから逃げず、誠実に努力することです。現在の日本や世界の情勢は大きく変化していますが、卒業生の皆さんが「掃除、挨拶、猛勉強（猛練習）」を実践して、日本だけでなく世界に羽ばたき、未来を切り開いてくれることを期待しています。その中で、本校校歌の3番にある「世界は廣し事しげし」と、4番にある「結ぶちぎりは託摩野の出水の水の盡きめやは」を実感することでしょう。

そろそろ別れのときです。名残は尽きませんが、卒業生の皆さんの未来に幸多からんことを祈念し、式辞といたします。

平成26年度卒業式校長式辞（3月1日）

〈保護者からの手紙〉

卒業式の翌日に、卒業生の保護者の方から匿名で左記のようなありがたい葉書をいただきました。自分への卒業証書のような気がしておりますので、手前味噌で大変恐縮ですが、ここにご披露申し上げます。

卒業式が終わり、子どもが県外へ旅立つ日も近づいてきました。生意気なことしか言わない子どもですが、この家からいなくなると思うと涙があふれてきます。熊高での3年間は傍で見ていても、部活、体育祭や文化祭などの各行事に一生懸命参加していたので、充実した生活を送っていました。きのう子どもが「熊高で学んだ人間は自分の子どもも熊高に行かせたいと思うよ」と言っていました。熊高育友会会報（第69号）の宮本校長先生の文章を拝読しました。私も常日頃、誠実であることが一番大事だと思っていて、誠実であればおのずと他のことはついてくるのでは……という考えでいます。4月から県外の大学へ進みますが、熊高で学んだ誇りを持ち、努力を続けてほしいと願っています。
3年間大変お世話になり、ありがとうございました。

あとがき

1　第3代校長福田源蔵先生

熊本高校の正門から入ると、左右に初代校長野田寛先生と第3代福田源蔵先生の銅像があります。野田先生は、学校創設以来25年にわたって校長を務められ、熊本中学校の基礎と伝統を築かれましたので、本文もほとんど野田先生に関する事績や教えに重点を置いています。しかし、福田先生も17年あまり校長として熊本中学校の充実・発展に尽力されましたので、ここで福田先生のご功績をご紹介したいと思います。

福田源蔵先生は、東京高等師範学校時代に当時の嘉納治五郎校長に教えを受け、新潟県新発田中学校、高田中学校、長岡中学校の校長を歴任されました。その経営手腕で全国に令名を馳せられ、昭和2（1927）年6月に第3代熊本中学校校長として故郷熊本に帰られました。

『熊中・熊高百年史』には、福田校長の偉業で特筆すべきものとして、「第一に図書館建設、第二に運動場の倍増拡張、第三が公認50メートルプール建設、第四に大体育館建設である」と記されています。これにより、福田校長時代の熊本中学校は、スポーツ・武道と学習の両面で日本全国に知られる中学校となっていきました。これは、野田先生が生徒に吹き込まれた魂を、十分に育成する環境を整えられたといえるでしょう。

さらに福田先生は、赴任してすぐに制服の両袖に白線をつけられました。正確には白黒二線のレースが縫いつけられましたが、熊中生としての自覚と誇りを高めることに貢献され、現在の男子の制服に引き継がれています。また、昭和6(1931)年には初めて校旗が作られ、福田先生が「カチ(褐)色の地に白色で校章を表し、周囲は白の縁、柄は赤、大身の槍を付す」と示されました。この校旗は現在も中央の「中」を「高」に変えて使われています。

このように福田先生は、野田先生が育てられた熊本中学校を、若木から大木に成長させて、第二次世界大戦後に日本全国で活躍する有為な人材輩出に貢献されました。

是非野田先生とともに福田先生のご功績にも、現在の熊高生及び同窓生に注目していただきたいと思います。

※ 傍線部「大身の槍」ですが、穂先は有名な「同田貫《どうだぬき》」で67センチメートル、朱塗りの太い柄と合わせると2メートル26センチメートルの長さになります。

2 「カラオケ自由化」問題

私がめざした熊本高校の在り方の1つに、「校則による強制ではなく、教師は生徒を信頼し、生徒が自立して考え行動する学校」というものがあります。最大限自由を尊重し、生徒に任せる、これが熊本高校の校風であると、生徒であった自分の経験からも確信しています。そのため、校長としてこの校風を尊重した教科指導と生徒指導を推進してきました。

特に生徒指導面での象徴的な改革が、生徒の「カラオケの自由化」です。赴任当時は、熊本市内の公・私立高校で組織された熊本市高等学校生活指導連盟（市生連）の申し合わせ事項で、高校生がカラオケに行くことを全面的に禁止していました。

この市生連は、各高校の保護者からの拠出金ですべて運営されているのですが、保護者の監査を受けることがなく内部だけで運営されているため、会計や組織の面で課題がありました。たまたま平成23（２０１１）年度から2年間熊本高校が当番校となり、校長の私が会長になりましたので、説明責任が果たせるようにいくつかの改革を行ったのですが、カラオケ問題も数年前からの懸案でした。

それは、カラオケ店を利用している生徒の実態に、厳禁というルールが合わなくなっているので、バイクや携帯のように「認めて指導する」方が良いという意見が出ていたのです。カラオケ店の協会も協力的で、高校生の入店のルールや内規案を示していただきました。そして、加盟校へのアンケートでは半数近くが認める方向に賛成でしたので、市生連の総会で節度あるカラオケ自由化を提案しましたが、私学の先生方を中心に反対意見が強く、合意に至りませんでした。

3　自立した生徒の育成のために

私は、各高校が生徒指導で連携して、情報を交換したり研修したりすることは大切だと思います。しかし、学校の生徒指導の最終的な責任者は校長であり、自校の生徒のために最善を尽くすべきだと思い、平成25（２０１３）年度に、カラオケ自由化についてて生徒指導担当部署に投げかけました。その後、職員会議等の手続きを経て教職員の共通理解が得られましたので、翌年度から校則を変更し利用時間等の制限をかけて認めることを決定しました。

そして、市生連の総会において、熊本高校は生徒の自主性を尊重するためカラオケを許可することを宣言し、申し合わせ事項から削除することを提案しました。その際に、生徒の実態とかけ離れているカラオケ禁止は規則の信頼性と道徳性を低下させること、生徒指導は校長の責任であり学校の独自性が尊重されるべきであることを説明しましたが、勝手な行為だという感情的な批判を受けました。

4　熊高生への期待とお礼

結果として市生連の申し合わせ事項から削除されず、賛同して自由化する高校も出ませんでしたが、平成26（２０１４）年度当初の始業式で全校生徒に伝え、恥ずべき行為がないよう十分留意し、決められた時間で健全にカラオケを楽しむよう話しました。このように、規則だから守るのではなく、何が悪いことかを自分で考え、責任を持って行動することを熊高生に期待するのが、「士君子」教育だと思います。

私は自分の頭で考えて行動する自立した人間を育て、失敗してもそこから成長する可能性を信じて指導に当たることを基本理念として熊本高校の校長を務めてきました。どれだけ熊高生の成長に寄与したかはまだわかりませんが、数十年後にその成果が表れることを信じて『熊高生に贈った言葉』の最後といたします。最後までお読みいただきありがとうございました。

著者経歴

1　学歴

昭和29（1954）年、熊本市南区出仲間生まれ。熊本市立田迎小学校、同託麻中学校を卒業し、昭和45（1970）年に熊本県立熊本高等学校に入学した。昭和48（1973）年に一橋大学社会学部に入学し、歴史学、哲学、心理学、教育学、人類学、経済学、法学等の社会科学やラテン語を学んだ。

その中で人間の発達の可能性に興味を持つようになり、3年進級時に選択する少人数のゼミナールは、教育学専攻の藤岡貞彦ゼミに所属して研究に取り組んだ。卒業論文のテーマは、「青年期における社会認識の形成」である。

また、男声合唱団「コール・メルクール」及び文芸部に所属し、特に男声合唱団では、年1回の定期演奏会の他、神戸大学、大阪市立大学とのジョイントコンサート、3年時に開催された一橋大学創立100周年記念のベートーヴェン「第九」演奏会等に取り組んだ。

2　職歴

(1)　教諭時代

昭和52(1977)年4月1日に熊本県公立高等学校教諭(倫理・社会)に採用され、熊本県立鹿本商工高等学校に社会科教諭として赴任し3年間勤務した。教科指導では、「倫理・社会」の授業で性教育に積極的に取り組むなど、新しい試みを行った。また、ソフトテニス部の顧問として生徒とともに毎日汗を流した。2年目に初めて担任を持ち、事務科2年2組の女子生徒47名の指導に当たり、そのまま持ち上がって卒業生を送り出すことができた。

昭和55(1980)年4月から熊本県立河浦高等学校に赴任し、高校に隣接する職員住宅に5年間住んで、素朴で素直な生徒の基礎学力の向上に努めた。2年目までは生徒会顧問専任として生徒の自主性育成に取り組み、3年目から普通科2年のクラスを担任し、3年まで持ち上がって卒業生の進路希望実現に努力した。また、部活動でソフトテニス部の指導をしながら地域のスポーツ大会にも進んで参加し、町の代表として天草郡市体育大会のソフトテニス部門に出場し、地域住民との交流を深めた。この間、文部省主催の研究大会に発表者として参加し、「政治・経済」の授業研究について東京で実践発表を行った。

3校目は、昭和60（1985）年4月から5年間勤務した熊本県立天草高等学校である。2年目から3年間担任をし、「現代社会」「世界史」「政治経済」の授業を通して学力向上と進学指導に努めるとともに、ソフトテニス部や空手道部の顧問を務めて生徒たちを指導した。その間女子寮の舎監長を2年間務めて生徒指導に当たる一方、通信制高校の協力校担当者として毎週日曜日に全体の運営や授業をするなど、きめ細かく生徒の育成に努めた。5年目には同校の定時制課程に内部異動し、厳しい環境で仕事と学習に取り組む生徒たちとともに過ごし、4年生を担任して公務員受験指導や就職指導を行った。

教諭としての最後は、平成２（１９９０）年４月から６年間、熊本県立熊本高等学校に勤務した。「倫理」、「政治経済」、「現代社会」の他、「地理」「世界史」「日本史」の授業も担当して進学指導の充実に努めた。特に、「現代社会」の授業では、県内に先駆けてディベートを取り入れ、生徒の興味関心と学習への意欲及び表現力を高める研究をした。また6年間連続で担任をし、高い目標を持つ生徒や、自信を失っている生徒など多様な生徒に対応して、人間性の育成と知的好奇心の向上に努めた。また、生徒会顧問として体育祭や文化祭等の学校行事を、生徒たちの自主性を尊重しながら取り組んだ。部活動は、ソフトテニス部、野球部、空手道部、応援団部などの顧問を務めた。平成7（１９９５）年度には、つくば市で行われる文部省主催の中堅教員研修に派遣され、全国の優秀な先生たちに刺激を受けながら、学校経営や教育理論、教育法規、日本文化などの幅広い講義を受けた。

（2）　熊本県教育庁時代

平成8（１９９６）年４月から1年間、文部省に地方教育行政研修生として派遣され、初等中等教育局高等学校課の研究開発係で勤務した。その業務は、当時始まったばかりの小学校英語など、新しい教科・科目の研究指定校（全国68校）に関する先進的な研究のサポートであり、全国の研究会の運営や教科調査官との調整、全国の指定校への実地調査などを行った。

翌平成9（1997）年度から2年間、熊本県教育庁高校教育課の指導主事として、初任者研修の運営や高校社会科の教育課程研修会の充実、高校入試の円滑な運営等に努めた。

平成11（1999）年度から5年間は学校人事課に所属し、主に教職員の人事異動や教員採用、定数管理を担当した。また、当時教職員の不祥事が相次いでおり、特に飲酒運転が多発したことから教職員の不祥事防止に取り組み、飲酒運転の現状と対策に関する県教育委員会の報告書作成のチーフとして尽力した。

その後、教頭2年間を経て平成18（2006）年4月から2年間、熊本県立教育センター第二研修部長・教育経営研修部長を務めた。ここでは、小学校から高等学校までの教育研究の充実、熊本県科学展の実施運営、現職教員の研修体制の強化、指導力不足教員への研修体制の確立などに努めた。

校長経験後の平成21（2009）年4月から2年間、高校教育課教育審議員を務め、県下の県立高等学校の教科指導、生徒指導、進路指導に関する業務に取り組んだ。特に、新学習指導要領の教職員への周知、熊本県高校入試制度の改善、学校訪問による指導の充実などに努めた。

（3） 教頭・校長時代

平成16（2004）年4月から2年間、熊本県立熊本北高等学校の教頭を務め、校長の指導の下、学校行事の精選と教員の指導力向上に取り組んだ。具体的には、それまでの3学期制から2学期制に移行して、授業日数の確保と進学指導の充実、業務の効率化を図った。また、平成17（2005）年度実施の高校入試制度改革（選抜機会の複数化と内申書評価の見直し）に対応し、学校独自の前期選抜試験の問題や評価基準、選抜方法等の作成に取り組み、円滑に実施することができた。

2年間の県立教育センター勤務を経て、平成20（2008）年4月に熊本県立高森高等学校長に就任し、1年間ではあったが小規模校ながらボランティア活動や体育行事を活発にして、地域に根差した学校づくりを推進した。また、基礎学力向上推進研究指定校として英数国の取り組みを推進し、国公立大学への進学者を出すことができた。さらに、創立60周年記念式典を円滑に挙行し、地域に不可欠な高校としての存在意義を示すことができた。

その後、県教育委員会を経て、平成23（2011）年度から4年間熊本県立熊本高等学校に校長として勤務し、生徒の自主自立と自由を重んじる伝統の維持発展に努めた。また、生徒の事故等に対応して危機管理体制を再確認し、生徒の安心安全の向上を図るとともに、職員と保護者とのトラブルに迅速に対応した。学業だけではなく部活動もおおいに奨励し、水球、登山、テニス、吹奏楽、弦楽、放送の各部をはじめ多くの部が全国大会等で活躍した。教職員に対しては、できるだけ研究指定校や学校外の業務を精選し、授業の充実に専念できる環境づくりに配慮した。

2年目には、第二次世界大戦後長らく2番までしか歌われていなかった校歌を、各種式典、行事等で4番まできちんと歌うように指導して、生徒に伝統と校風への理解を深めさせ、自分を律する誇りを持たせるようにした。３年目には職員の組織のスリム化に取り組み、７つの部を３つの課に再編し、業務の軽減と意思決定の迅速化を図った。４年目には県内の高校で初めて生徒のカラオケ入店を公認して自主自立の精神育成を図った。また、それまで男子が先であった生徒名簿を女子から始まるよう変更し、男女平等と自由な発想を尊重する校風の育成に務めた。

さらに、大学進学指導をはじめ左記のような県内の教育団体の会長を歴任し、事業の精選による職員の負担軽減、教員の指導力の向上、会計や運営の適正化等に尽力した。

【役職等】

・熊本県高等学校進学指導連絡協議会会長（平成25、26年度）
・熊本県高等学校教育研究会会長（平成24、25年度）
・熊本県高等学校保健会会長（平成23、24年度）
・熊本県高等学校家庭クラブ連盟成人会長（平成25年度）
・熊本県高等学校文化連盟囲碁将棋部部長（平成23、24年度）

・熊本県高等学校文化連盟放送部部長（平成25、26年度）
・熊本市高等学校生活指導連盟会長（平成23、24年度）

3　定年退職後

平成27（2015）年4月から1年間、熊本県立大学キャリアセンターに勤務し、キャリア・スーパーバイザーとして学生の就職指導や就職説明会、就職対策講座の実施等に携わった。特に、これまでの経験を生かし、公立中学・高等学校の教員採用試験で実施される模擬授業と面接対策の充実を図り、併せて熊本県庁・市役所等の地方公務員や国家公務員受験の指導に尽力した。また、民間企業への就職対策業務も行い、履歴書の添削や個別面接・集団面接・グループディスカッションの指導助言と学生の支援に努めた。

平成28（2016）年4月には、入試戦略室の特任教授として熊本大学に招聘され、文部科学省が推進する高大接続改革とそれに伴う新しい大学入学者選抜システムの研究開発を行った。その中で、高校現場や教育委員会での経験を生かし、高校の調査書や活動歴の評価方法、面接、グループワーク等の審査基準等について提案を行い、熊本大学の新しい入試制度の構築に取り組んだ。

現在は、平成28（2016）年から委嘱を受けている社会医療法人社団高野会大腸肛門病センター高野病院の倫理委員会委員として、臨床研究の倫理審査に携わっている。

著者略歴

宮本 史明（みやもと・しめい）

1954年12月、熊本県熊本市生まれ。1977年一橋大学社会学部卒業後、熊本県公立学校社会科教諭に採用され、旧文部省研修生、熊本県教育庁、県立高森高等学校長等を経て、2011年4月から4年間、県立熊本高等学校長。その後、熊本県立大学キャリア・スーパーバイザー、熊本大学特任教授を歴任。現在、大腸肛門病センター高野病院評議員及び倫理委員会委員。

熊高生に贈った言葉
～初代校長 野田寛先生の教えを伝えて～

2018年6月10日　初版第一刷発行

著　者　宮本 史明
発行人　佐藤 裕介
編集人　遠藤 由子
制　作　原田 昇二
発行所　株式会社 悠光堂
〒104-0045 東京都中央区築地6-4-5
シティスクエア築地1103
電話：03-6264-0523　FAX：03-6264-0524
http://youkoodoo.co.jp/
デザイン　株式会社 シーフォース
印刷・製本　明和印刷株式会社

ISBN978-4-909348-06-7　C0037

友の会出版会